KB067306

회사에서는 어떻게 말해야 하나요?

회사에서는 어떻게
말해야 하나요?

회의부터 발표까지,
말센스 10배 높이는 법

히키타 요시아키 지음
한선주 옮김

INFLUENTIAL
인 플 루 엔 셜

'생각을 말로 표현하는 능력' 있으십니까?

장애인 인권 운동가로 알려진 헬렌 켈러는 생후 19개월에 시력과 청력을 잃어 듣지도 보지도 말하지도 못하는 삼중고를 안고 살아야 했습니다. 그녀를 가르친 설리번 선생님은 헬렌 켈러의 손바닥에 우물물을 붓고는 손가락으로 'water'라는 글자를 썼습니다. 처음에 헬렌 켈러는 선생님이 무얼 하는 것인지, 왜 그런 행동을 하는지 이해하지 못했지요.

하지만 선생님의 끊임없는 노력으로 마침내 그 행위의 의미를 깨닫게 됩니다. '혹시 이 물체의 이름이 water라는 것일까?' 모든 사물에 이름이 있다는 사실을 알게 된 헬렌 켈러는 그날 저녁까지 30개나 되는 단어를 외울 수 있었습니다.

사람은 만 1세부터 만 2세까지 200개 정도의 단어를 배운다고 합니다. 만 5세가 되면 5,000개에서 1만 개까지도 익힐 수 있다고 하고요. 하지만 노력 없이 어휘가 저절로 느는 사람은 없습니다. '저건 뭐라고 할까?', '이 기분을 어떤 단어로 표현하면 좋을까?', '뭐라고 말해야 내 생각이 잘 전해질까?' 하고 고민하며 시도하는 과정에서 배워 가는 것이죠.

아무런 노력도 하지 않는다면 자신의 생각을 '좋다', '대박', '굉장하다', '그거 있잖아, 그거', '애매한데' 같은 말로 표현할 수밖에 없습니다. 책과는 담을 쌓고, 모든 대화를 '대박'이라는 단어로 뭉뚱그리기만 한다면 생각을 정리하는 능력은 물론 전달하는 능력도 생기지 않을 테고요.

직장인이 되면 나보다 수년에서 수십 년씩 나이가 많은 사람들과 같은 환경에서 일해야 합니다. 회의나 미팅, 프레젠테이션, 리포트, 기획서, 보고, 연락, 논의 등 업무에서 만나게 되는 다양한 상황에서 무엇보다 중요한 것은 바로 '생각을 말로 표현하는 능력'입니다. 비즈니스 현장에서는 생각이 아웃풋으로 이어지지 못하면 좋은 평가를 받기 어렵습니다.

《회사에서는 어떻게 말해야 하나요?》는 어휘력 부족, 표현력 부족에서 벗어나지 못해 고민하는 여러분을 위해 집필했습니다. 걱정하지 마세요. 세상에는 이런 고민을 안고 있는 사람이 많습니다. 아니, 실은 대부분이 적절한 말을 떠올리지 못하고, 생각을 정리하지 못하며, 제대로 전달하는 법도 모릅니다.

그러니 지금부터 이 책을 읽으면서 함께 배워 나가기를 바랍니다. 아직 늦지 않았습니다.

이쯤에서 제 소개를 하겠습니다. 저는 하쿠호도라는 일본의 광고회사에서 30년 넘게 일하며 수많은 광고 카피를 쓰고 CF를 만드는 일을 했습니다. 지금은 대학에서 학생들을 가르치며 스피치라이터라는 이름으로 기업의 대표나 정치인의 연설문을 쓰는 일도 겸하고 있고요. 어떤 상품이나 서비스, 주제에 관심 없는 사람들의 마음을 끌어당기는 말을 만드는 일을 오랫동안 해 왔습니다. 일과 병행하여 초등학생부터 정부 관계자까지, 어떤 세대에도 와닿을 수 있도록 '간단하고 알기 쉽게 생각을 전달하는 법'도 가르쳐 왔습니다.

이 책에는 지금껏 제가 쌓은 경험을 바탕으로 말하기와 글쓰기에 어려움을 느끼는 분들에게 도움이 될 만한 주옥같은 비법 스물다섯 가지를 정리했습니다. 그리고 5일 만에 배울 수 있도록 구성했어요. 하루에 다섯 가지씩 총 5일이라는 수업 기간 동안 말을 '떠올리고', '정리하고', '전달하는' 방법을 집중적으로 배운다고 생각하면 됩니다.

단 5일 만에 '말하기 스킬'이 향상되는 것이 가능한지 의문이 들 겁니다. 먼저 5일 동안 어떤 내용을 배우게 되는지 구체적으로 살펴보겠습니다.

• 1일: 대화를 풍성하게 만드는 어휘력

첫째 날에는 '어휘력이 부족하다.', '생각을 말할 때마다 머리가 하얘진다.'라는 분들을 위한 훈련법 다섯 가지를 소개합니다. 편하게만 있으려 하는 게으름뱅이 뇌를 깨워 빠릿빠릿한 일꾼으로 만들어 줄 트레이닝을 준비했습니다.

• 2일: 다양한 생각으로 확장하는 사고력

자칫 멍하니 보내기 쉬운 일상에서 생각하기 위한 훈련을 실행합니다. 왜 그렇게 했는지 자신의 말과 행동을 돌아보고 의미를 부여하며 가설을 세우기도 할 겁니다. 하루 일과에서 생각할 기회를 늘려 가는 작업입니다.

• 3일: 말에 깊이를 더하는 논리력

말에 논리가 있다는 것은 조리 있게 말한다는 의미겠죠. 머릿속을 한번 정리하고, 순서를 정하거나 넓은 시야로 바라보고 사람에 비유해 봄으로써 깊이 있는 사고를 시도합니다. 심층적 사고를 하는 데 도움이 될 '사유하는 틀'도 알아봅니다.

• 4일: 생각을 효과적으로 전달하는 표현력

알기 쉬울 뿐만 아니라, 상대방이 공감하고 행동하게 만드는
말하기 기술을 설명합니다. 말을 그대로 전달하는 것만으로는
부족합니다. 사람들이 '완전히 내 얘기잖아!' 하고 자기 일처럼
받아들여 '직접 해 보자.'며 행동할 때 비로소 제대로 전해진 것
이라고 볼 수 있으니까요. 생각을 성공적으로 전달하기 위한 말
하기와 표현 방법을 알려 드립니다.

• 5일: 말에 신뢰도를 높이는 설득력

표현력에서 한 걸음 더 나아가 신뢰도를 높이는 말하기, 말에
현실성을 더하는 방법 등 설득력을 한층 강화하는 전달법을 살
펴봅니다. 상대방에게 '이 사람은 믿을 만하다', '이 사람을 알게
되어 다행이다'라는 믿음을 심어 주고 더 좋은 관계로 발전하는
데 도움이 될 만한 조언도 함께 담았습니다.

이렇게 5일 동안 배운 내용을 토대로, 머릿속에 적절한 말을
떠올리고 생각을 착착 정리해 제대로 전달할 수 있게 된다면 업
무에서든 일상에서든 신뢰와 호감이 쌓일 것입니다. '생각을 말

로 표현하는 능력'을 기르면 업무뿐 아니라 매사에 자신감이 생겨 항상 만족하는 삶을 살 수 있습니다.

오랫동안 광고 일을 해 온 직업 특성상 이 책에는 광고에 관한 이야기가 많이 등장합니다. 그러나 말하기의 핵심을 깨닫게 되면 일상생활을 비롯한 어느 분야에서도 다방면으로 활용할 수 있습니다. 그 점을 명심해 주기를 바라면서, 이야기를 시작해 볼까 합니다.

차례

Step 1

대화를 풍성하게 만드는
어휘력

"어떤 말을 해야 할지 모르겠어요"

Step 2

다양한 생각으로 확장하는
사고력

"도대체 내가 무슨 말을 하고 있는 걸까요?"

Step 3

말에 깊이를 더하는
논리력

"내 이야기를 잘 알아듣지 못해요"

Step 4 ────────────────

생각을 효과적으로 전달하는
표현력

"말이 구구절절 길어져요"

Step 5

말에 신뢰도를 높이는
설득력

"모두의 마음을 움직이고 싶어요"

잃어버린 '말하기 능력'을 찾고 싶어요

이 이야기의 주인공 김 사원은 식품회사에 근무하고 있습니다. 국어를 못해서 이과를 선택했고, 자연스럽게 이공대학에 진학했습니다. 남들 앞에서 말하는 데 어려움을 느껴 연구 부서 발령을 바랐지만, 신입사원 연수를 마치고 배치된 부서는 뜻밖에도 '광고홍보국'의 '홍보팀'이었습니다.

"이 포스터 A, B 안 중에 어느 쪽이 괜찮아요?" 발령 첫날 홍보팀 디자이너가 아이스크림 광고 포스터를 펼쳐 보이며 김 사원에게 의견을 물었습니다. 양쪽 다 아이스크림을 클로즈업한 것인데 A 안에는 스푼이 없고 B 안에는 스푼이 꽂혀 있습니다. '솔직히 별 차이 없는데'라고 생각하면서도 "개인적으론 B 안이 좋은 것 같습니다." 하고 대답했습니다. 그러자 곧바로 "왜요?"라는 질문이 되돌아왔습니다.

김 사원은 어릴 때부터 질문을 받으면 쩔쩔매곤 했습니다. 뭐라고 답해야 할지 모르겠는 데다가 대개 자기 의견이 없었거든요. 그러니 아무 말도 할 수가 없었지요. 어쩌다가 하고 싶은 말이 생각나도 제대로 정리되지 않아서 입 밖으로는 잘 표현하지 못했습니다.

"그냥 이쪽이 더 맛있어 보여서……." 겨우 입을 떼고 대답했습니다. 디자이너는 이 대답을 듣고 작게 한숨을 쉬더니 주위에 다 들릴 정도로 "하나 마나 한 소리네요!" 하고는 가 버렸습니다.

말주변이 없다는 콤플렉스

그런 수모를 견디며 홍보팀에서의 3년이 흘렀습니다. 자신감이 없으니 늘 긴장돼서 횡설수설하고 그 때문에 '말주변이 없다는 콤플렉스'는 더 커지기만 했습니다.

차라리 신입사원 시절이 지금보다 편했습니다. 그때는 그저 선배들의 뒤만 따라다니면 됐으니까요. 맡은 업무도 간단한 문서 교정이나 연락, 자질구레한 잡일 정도로 끝났지요. 그런데 요즘은 언론에 보낼 보도자료도 혼자 써야 하고 광고회사나 신문사와 하는 미팅도 있는 데다, 사내 회의에서 보고해야 할 일도 늘었습니다.

즉, 혼자 생각하고 결정하고 행동할 일이 많아졌어요. 거래처 직원도 의견을 제대로 말해 달라고 요구합니다. 그럴 때마다 김 사원은 애매하게 결론을 뭉뚱그리거나 장황하게 말을 쏟아 내거나 2퍼센트 부족한 설명으로 끝내고 맙니다. 그러다 보니 매일같이 "지금 무슨 얘기를 하는 건지 이해가 안 되는데 다시 설명해 주시겠어요?"라는 말을 듣습니다. 아침에 눈뜰 때마다 도망치고 싶을 정도입니다.

매일 무거운 마음으로 출근하는 김 사원. 회사에서 큰 실수를 저지르고 한껏 풀이 죽어 있던 어느 날, 더는 이렇게 살 수 없다는 생각에 대학 시절 교양과목으로 들었던 '광고와 언어' 수업의 교수님께 연락을 드렸습니다.

교수님과 재회하다

"오랜만이네요. 이공대 학생이 광고 수업을 듣는 일이 흔치 않아서 기억하고 있어요. 리포트도 흥미로웠고요."

"저를 기억해 주시다니 영광입니다. 그런데 그 당시 제 리포트가 괜찮았나요? 지금은 글쓰기가 두렵기만 한데요……. 회사에서 홍보팀에 배치되어 글을 쓸 일이 많은데 늘 제대로 해내지 못하는 것 같거든요."

어렵게 말을 꺼낸 김 사원은 말하기에 대해 가지고 있던 고민을 한꺼번에 쏟아 냈습니다. 여러 번 생각해도 말이 잘 정리되지 않고, 갑자기 질문을 받으면 머릿속이 하얘지고, 혼자서 결정하기가 두렵고, '무슨 말을 하는지 모르겠다'라는 반응이 나오면 자기혐오에 빠져 버리고…….

지금까지 꾹꾹 참아 왔던 감정이 한꺼번에 북받쳐 올라 눈물이 흘렀습니다. 그것도 과거에 딱 한 과목 수업을 들었던 교수님 앞에서 말이지요.

잃어버린 말하기 능력을 5일 만에 되찾기

교수님은 그런 김 사원의 이야기를 가만히 들어 주었습니다. 그러고는 김 사원이 한바탕 푸념과 하소연을 끝냈다 싶을 때 이렇게 말했습니다.

"사실 사회초년생이라면 누구나 김 사원님과 같은 고민을 안고 있답니다. 믿기 힘들겠지만 나에겐 우는소리나 넋두리하는 학생들이 끊이지 않고 찾아와요. 사회생활을 하면서 말이 잘 통하지 않는다는 소리를 자주 듣는다거나 생각과 느낌을 말로 표현하지 못하겠다는 것이 주된 이유지요.

그래서 말인데 제안을 하나 할게요. 실은 내가 매년 한 명의 학생을 정해서 '말하기 기술'을 익히도록 조언해 주고 있어요. 물론 오롯이 선의로만 하는 일은 아니에요. 내가 광고회사에도 몸 담고 있다 보니 요즘 청년들이 어떤 고민을 하고 그걸 어떻게 해 결하는지 보면서 좋은 아이디어를 얻을 때가 많거든요. 특히 김 사원님처럼 이과 출신에다 원래부터 글쓰기나 말하기에 자신이 없었던 학생은 대환영입니다.

문자나 메일로 김 사원님의 고민을 나에게 얘기하면 질문에 피드백을 해 줄 거예요. 다만 내가 알려 준 내용은 꼭 곧바로 실 천해야 해요. 그렇지 않으면 나도 더 이상 조언하지 않을 거고 요. 말을 행동으로 옮기는 것도 중요한 배움이니까요.

딱 5일만 노력해 보세요. 아이들은 그 시간이면 철봉에서 거 꾸로 매달리기를 할 수 있고 자전거도 탈 수 있게 되죠. 수영을 못하던 아이가 이를 악물고 연습하면 5일 만에 수영장에서 25미 터를 헤엄칠 수도 있고요. 어때요? 김 사원님도 이렇게 변하고 싶은 마음이 있나요?"

사람은 누군가와 만남으로써 가장 크게 성장합니다. 만남을 통해 상대의 좋은 점을 배우고 자기 자신을 갈고닦으면 자신도 모르는 새에 한 뼘 두 뼘 더 성장하게 됩니다. 이제 이야기를 시 작할 준비는 다 되었습니다. 여러분도 김 사원과 함께 5일 동안 펼쳐질 말의 여정으로 떠나 볼까요.

—

발표할 내용을 정리해야 하는데 머릿속에 아무 말도 떠오르지 않는다고요? 사실 당신은 어휘력이 부족한 게 아니라 뇌가 아직 활성화되지 않은 겁니다. 말하기 수업 첫째 날에는 게으름뱅이 뇌를 깨워 머릿속에 떠다니던 생각을 문장으로 말할 수 있게 합니다.

대화를 풍성하게 만드는
어휘력

"어떤 말을 해야 할지 모르겠어요"

1. 30초 안에 명사 열 개 말하기
2. 형용사가 아닌 다른 품사로 표현하기
3. 눈앞에 보이는 장면을 설명해 보기
4. 거울 속 나에게 가르치듯 암기하기
5. 핵심 내용 딱 세 가지만 남기기

To **교수님**

Subject **하고 싶은 말이 있어도
어떻게 말해야 할지 모르겠습니다.**

안녕하세요, 교수님!

첫째 날 수업이 시작되었네요. 앞으로 잘 부탁드리겠습니다.

오늘은 저의 빈약한 어휘력에 대해 여쭤 보고 싶어요. 주말에 본 영화가 재미있길래 회사 동료들에게 이 영화에 관해 이야기해 주고 싶었습니다. 그런데 떠오르는 말이라고는 '그 영화 재미있었어!'가 전부더라고요.

저는 남들과 비교해 표현력이 부족한데 원래 뇌에 들어 있는 어휘 수에서 차이가 나는 것 같습니다. 지금부터 매일 책을 읽는다고 해도 어휘력이 금방 좋아질 것 같지 않고요.

도대체 어디서부터 잘못된 걸까요? 생각을 잘 말하기 위해서는 무엇부터 시작해야 할까요? 제 표현에 어떻게 손을 대야 할지 모르겠습니다.

Send

01 | 30초 안에
명사 열 개 말하기

반갑습니다, 김 사원님. 오늘부터 저와 함께 차근차근 수업을 진행하다 보면 어느 순간 고민이 해결되어 있을 거예요.

인터넷 용어를 일상에서 사용하는 일이 보편화되면서 감정이나 기분 상태를 구체적으로 말하기보다는 '헐'처럼 간결하게 말하는 사람이 늘어나고 있습니다. 이런 표현은 현재 상태를 손쉽게 한 단어로 표현할 수 있다는 장점을 가지고 있지만, 모든 대화에서 사용하기에는 적합하지 않습니다. 회사 상사에게나 공식적인 자리에서 "제 기분은 헐입니다."라고 말할 수는 없으니까요. 인터넷 용어에 익숙한 김 사원님이 남들보다 어휘력이 부족하고 표현이 서툴다고 느끼는 건 자연스러운 일입니다.

먼저 테스트를 하나 하겠습니다.

"30초 동안 도형 이름 열 개를 소리 내서 말해 보세요."

제대로 소리 내서 말하는 게 포인트예요. 머릿속에서 생각만 하면 안 됩니다. 단어를 입 밖으로 꺼내서 귀에 들리도록 해야 해요. 그럼 타이머로 30초를 맞추고 시작하세요.

어땠나요? 도형 이름쯤이야 식은 죽 먹기였을지도 모르겠군요. 정삼각형, 이등변삼각형, 직삼각형, 정사각형, 직사각형, 평행사변형, 오각형, 사다리꼴, 원, 타원. 이 정도를 떠올리지 않았을까 싶은데요. 분명 중간에 몇 번 막힐 때가 있었을 겁니다. 학교에서 배운 내용인데도 술술 나오지 않았겠죠. 하지만 몰라서 말하지 못한 건 아니에요. 머릿속에 단어가 곧바로 떠오르지 않았을 뿐이죠.

김 사원님은 절대 어휘력이 부족하지 않아요. 뇌에 들어 있는 단어들을 오랫동안 사용하지 않아 마치 물에 젖은 심지처럼 변했기 때문에 순식간에 불이 붙지 않았던 것뿐이에요. 방금 도형이름을 술술 말하지 못한 것처럼 말이죠.

사람들은 기억이 뇌 속 서랍에 차곡차곡 쌓여 있다고 생각할지도 모르겠지만 그렇지 않아요. 말은 전혀 정리되어 있지 않습니다. 어떤 단어를 생각해 내려고 할 때는 불꽃이 번쩍 피어나듯 뇌 속 깊숙이 숨어 있던 단어가 순간적으로 '이등변삼각형!' 하고 떠오르는 것입니다. 말이 막힘없이 나오는 사람의 뇌 속에서는 밤하늘에 불꽃이 터지듯이 말이 펑펑 터지고 있다고 생각하면 쉬워요.

그럼 어떻게 해야 말의 불꽃이 터질까요. 그 답이 바로 방금 제안한 '30초 안에 사물 이름 열 개 말하기' 훈련입니다.

'30초 안에 꽃 이름 열 개 말하기', '30초 안에 도시 이름 열 개 말하기', '30초 안에 소설가 열 명 말하기'처럼 주제는 무엇이든 좋습니다. 짧은 시간 안에 사물의 이름을 떠올리고 말하는 연습을 반복하세요. 이 연습을 계속하다 보면, 습기에 차서 좀처럼 불꽃이 일어나지 않던 뇌 속의 단어들이 팡팡 터지게 됩니다. 출퇴근할 때나 샤워할 때도 쉬지 말고 계속해서 연습해 보세요.

소설가나 학자가 꿈이라면 그에 걸맞은 충분한 어휘력을 갖추기 어려울지 몰라도, 업무나 일상 대화에서 필요한 정도의 어휘력은 누구나 가지고 있습니다. 잘 되지 않는다고 실망하지 말고 이 사실을 기억하세요. 어휘력은 있는데 말이 잘 안 나오는 이유는 소리 내어 말하지 않기 때문이에요. 머릿속에서 뭉게뭉게 피어났다 사라지는 말은 말이 아닙니다. 그저 습기 찬 불꽃 심지일

뿐이지요.

짧은 시간에 뇌를 자극하는 훈련을 통해 말의 불꽃을 터뜨리세요. 이렇게 반복해서 게으른 뇌를 단련시키면 당신의 어휘력은 반드시 되살아납니다.

☑ 체크 포인트

우리가 스스로 어휘력이 빈약하다고 생각하는 이유는 무엇일까요? 사실 우리 모두는 일상생활을 하는 데 필요한 어휘력을 이미 충분히 가지고 있습니다. 다만 뇌가 게으를 뿐이죠. 첫째 날의 목적은 게으른 뇌를 되살리는 기초 훈련에 있습니다. 이른바 뇌의 '근육 트레이닝'이죠. 말하자면 고등학생 시절의 빠릿빠릿한 뇌를 되찾는 느낌이랄까요.

시간이 날 때마다 '30초 안에 명사 열 개 말하기'를 계속 훈련해 보세요. '어휘가 텅텅 비어 있는 뇌'에 말을 채워 넣을 방법은, 사용하지 않아 잊고 있었던 어휘를 떠올리는 것입니다. 혼자 멍하니 흘려보내던 시간에 소리 내어 단어를 말해 보세요.

• 떠오르는 단어를 소리 내어 말하면 뇌에서 말의 불꽃이 터진다.

To **교수님**

Subject **'대박'이라는 말밖에 못하는
제가 한심하게 느껴집니다.**

뇌에서 말의 불꽃을 터뜨려야 한다는 말씀을 들으니 이미지가 굉장히 선명하게 그려졌어요. 알려 주신 대로 30초 안에 열 개의 단어를 떠올리는 연습도 해 봤는데 게을러졌던 뇌가 정신을 바짝 차린 느낌이 들었습니다.

그런데 곰곰이 생각해 보니 저의 뇌는 단어의 심지가 젖어서 불꽃이 붙지 않는 것 말고도 문제가 있습니다. 평소에 쓰는 단어가 너무 단순해요. '대박', '좋다', '귀찮아', '그냥', '싫다' 같은 말을 정말 자주 사용합니다. 생각하기 귀찮아서 항상 똑같은 단어를 써 버려요. 어떤 상황이든 열 개 정도의 단어만으로 대충 때우는 느낌이에요. 이런 습관에서 벗어날 수가 없습니다. 어떻게 하면 좋을까요?

. . .   **Send**

02 | 형용사가 아닌 다른 품사로 표현하기

알려 준 내용을 곧바로 실천하다니 대단합니다! 그래도 여전히 어휘에 대한 고민이 남아 있군요. 얼마 전 있었던 일을 하나 이 야기해 보겠습니다.

학교 식당에서 학생 세 명이 나누는 대화를 우연히 듣게 되었 어요. 그 자리에 없는 사람의 험담을 하고 있더군요. 그다지 유 쾌한 이야기는 아니었죠. 대략 정리하자면 "걔는 좀 지저분하잖 아.", "밥맛없게 생겼어.", "너무 어이없지 않아?" 같은 내용이었 어요. 중간중간 '극혐'이라는 단어도 수시로 사용하고요. 거친 말에 화가 났지요.

친구를 험담하는 태도도 문제이긴 하지만 그들이 사용한 어휘를 한번 살펴볼게요. '지저분하다', '밥맛없다', '어이없다'는 모두 형용사이고, '극혐'도 '싫다'라는 뜻이니 형용사와 같은 역할이죠.

'형용사'는 사물의 성질이나 상태를 나타내는 품사로서 명사를 더 쉽게 이해하도록 정보를 추가하는 말을 가리킵니다. 가령 '귤'이라는 명사가 있다면 여기에 '맛있다', '시다', '커다랗다', '동그랗다', '무겁다' 같은 정보를 덧붙이는 말이 형용사입니다.

학생들이 싫어하는 사람을 편의상 A라고 하죠. 그들은 A에 대해 '지저분하다', '밥맛없다', '어이없다'와 같은 험담 정보를 더하면서 즐기고 있을 뿐입니다. 유창하게 말하는 듯하나 실제로는 아무런 논리도 의미도 없이 같은 말을 반복하는 것뿐이에요. A라는 대상이 없다면 한마디도 하지 못하게 되죠.

형용사 뒤로 숨지 않아야 말이 명확해진다

김 사원님의 머릿속도 별반 다르지 않을 겁니다. 음식을 먹으면 '맛있다', 싫어하는 사람이 다가오면 '불쾌하다', 해야 할 업무가 생기면 '귀찮다'처럼 형용사로 자신의 기분을 뱉어 내기만 했겠죠. 그러고서 잘 표현했다고 생각했을 테고요. 이건 수동적인 태도로, 일어난 상황에 그저 반응한 것뿐이에요.

그렇다면 어떻게 해야 할까요? 음식을 먹고 나서 '맛있다'라고 표현하지 마세요. '대박'도 당연히 안 됩니다. 귤을 먹은 후에 '맛있다'라는 생각이 들었다면 왜 맛있다고 느꼈는지, 어떻게 맛있는지, 귤을 먹고 어떤 기분이 들었는지 같은 내용을 문장으로 풀어서 구체적인 말로 표현해 보세요.

예를 들어 볼까요? '감귤류의 향을 맡으니 마음이 편안해졌다', '비타민 C가 풍부해서 감기에 안 걸릴 것 같다', '손가락이 노랗게 물들어서 귤을 잔뜩 까먹던 어린 시절이 떠올랐다'라는 식으로 생각하는 거죠. '맛있다', '예쁘다', '귀엽다'와 같은 형용사만 쓰고서 자신의 의견을 말했다고 여기던 뇌와는 오늘부로 작별하세요.

실전에 들어가서 형용사가 아닌 다른 표현을 떠올리는 방법을 하나씩 연습해 봅시다. 김 사원님이 공포영화를 보러 갔다고 가정해 볼까요? '재밌다', '대박 무섭다'라는 말이 저절로 나오려고 하겠죠. 그걸 꾹 참고 다음 방법을 사용해 보세요.

① '소름이 돋았다', '머리카락이 주뼛 설 정도였다'처럼 청각, 미각, 시각, 후각, 촉각 등 오감 표현을 사용합니다.

② '함께 영화를 보던 친구는 지루한지 계속 눈을 감고 있었

다'처럼 다른 사람의 반응을 묘사합니다.

③ '지금까지 본 영화 중에서 세 손가락 안에 드는 공포'처럼 본인의 경험이나 추억을 활용합니다.

이런 훈련을 반복하다 보면 자연스레 다른 표현이 떠오르게 됩니다. 무엇보다 중요한 것은 형용사 하나만을 쓰지 않겠다고 정하기. 자, 한번 해 보세요.

 **체크 포인트**

평소에는 형용사만 사용하더라도 대화하는 데 문제가 되지 않습니다. 하지만 스스로 '이게 얼마나 좋은지 더 잘 설명하고 싶은데' 하고 아쉬워지는 순간이 찾아옵니다. 번거롭더라도 더 깊이 생각하고 자세히 표현하는 연습을 하다 보면, 적재적소에 알맞은 표현을 사용해서 더 풍성한 대화를 끌어낼 수 있을 것입니다.

인상 깊었던 사건이나 느낌 등을 잊지 말고 그 일을 떠올리며 설명해 보세요. 표현력이 늘어날수록 처음 전달하고자 의도했던 이야기를 상대방이 더 잘 이해할 수 있게 될 거예요.

• '자신의 오감', '타인의 반응', '경험이나 추억'을 떠올리며 말하면 표현이 풍부해진다.

To **교수님**

Subject **단어는 떠오르는데
문장으로 만들지 못하겠습니다.**

앞선 메일에서 표현력을 높이는 구체적인 방법을 알려 주신 점
감사합니다. '30초 안에 명사 열 개 말하기'처럼 '형용사가 아닌
다른 품사로 표현하기'도 곧바로 실천해 보았습니다. 그런데 이
상하게 잘 안되더라고요. 머릿속에 '이등변삼각형'이나 '비타민
C' 같은 단어가 떠올랐지만, 그걸로 끝이었어요.
단어만 머리에 맴돌 뿐, 문장으로 만들어 입 밖으로 내지는 못
하겠습니다. 입을 떼서 말하려고 하면 자꾸 말이 꼬이고 버벅거
리게 돼요. 머릿속에서 단어뿐만 아니라 문장이 척척 생각나는
비결을 가르쳐 주세요.

...   **Send**

03 | 눈앞에 보이는 장면을 설명해 보기

'단어는 떠오르는데 문장으로 만들지는 못하겠다'라는 고민이군요. 중요한 부분을 잘 알아차렸네요. 이건 머릿속에 어느 정도 단어를 떠올릴 수 있게 된 사람들에게 자연스럽게 찾아오는 다음 관문입니다.

'단어에서 문장으로' 넘어가는 것은 아이의 언어 발달과 같은 과정이에요. 걱정하지 않아도 됩니다. 지금은 막힘없이 술술 말하기 위한 단계를 착실히 밟고 있으니까요. 이제 점(단어)을 선(문장)으로 잇는 법을 알아봅시다.

뜬금없지만 김 사원님이 스포츠, 그중에서도 날씨가 경기에 큰 영향을 미치는 야구를 보기 위해 경기장을 찾았다고 생각해 봅시다. 전날까지 태풍의 영향으로 비가 내리고 선수뿐 아니라 팬들도 날씨를 걱정하고 있던 상황이라고 가정할게요. 그런데 경기 당일, 다행히 구름 한 점 없는 파란 하늘이 나타났습니다. 중계석에 앉은 스포츠 아나운서는 이렇게 말합니다.

"전 세계의 파란 하늘을 이곳으로 전부 가져온 듯한, 아주 쾌청한 여름 날씨입니다. 뭔가 굉장한 일이 벌어질 것만 같은 경기장입니다."

정말 훌륭하지 않습니까. 이보다 더 멋진 표현은 없을 겁니다. 이처럼 지금 당장 김 사원님의 눈앞에 펼쳐져 있는 광경을 보고 어떻게 말로 표현할 수 있을지 생각해 보세요. 처음에는 쉽지 않을 겁니다. 하지만 우리는 공부할 재료를 얼마든지 가지고 있습니다. 김 사원님도 앞으로 스포츠 중계방송을 볼 때 아나운서가 어떻게 말하는지 주의 깊게 들어 보세요. 눈앞의 풍경이나 상황을 정말 멋지게 묘사한답니다. 이것만으로도 좋은 공부가 될 거예요.

모든 것을 자세하게 설명해 보자

'중계를 듣는다 한들, 수준이 너무 높아서 나에게는 아무런 도움도 안 될 텐데'라고 생각할지도 모르겠네요. 어느 정도는 맞는 말입니다만, 좋은 학습 대상이 있다는 것은 굉장한 행운입니다.

일단 다음 상황에서부터 시작해 봅시다. 차를 타고 이동할 때마다 창밖에 보이는 풍경을 아나운서가 말하듯이 머릿속에서 설명해 보는 거예요.

"저녁 시간입니다. 지붕이 보입니다. 갈색 지붕이 특히 많습니다." 이 정도만 해도 충분해요. 왜냐하면 김 사원님이 어렵다고 느끼던 '문장 만들기'를 했으니까요. 단어에서 문장으로 넘어가는 비결은 '스스로 눈앞에 보이는 상황을 설명하기'입니다.

단계를 조금 높여서 출근 첫날 디자이너가 보여 준 포스터를 설명해 볼까요? "아이스크림이 빛나고 있습니다. 스푼이 아이스크림에 절반 정도 꽂혀 있습니다. 아이돌 모델의 웃는 얼굴이 보입니다." 이런 식으로 연습해 보세요. 이렇게만 해도 멍하니 바라보기만 할 때보다 포스터에 대한 이해력이 한층 높아집니다.

A 안과 B 안이 있으면 양쪽 다 자세하게 들여다보면서 설명해 보세요. 어느 순간 두 포스터의 차이가 확연히 눈에 띌 거예요.

그 차이를 알고만 있어도 갑자기 질문이 날아들었을 때 '스푼이 꽂힌 상태를 보니 B 안이 더 낫다'는 정도의 대답은 쉽게 나올 수 있습니다.

지금 당장은 그걸로 충분합니다. '그냥 이쪽이 더 맛있어 보여서' 정도밖에 대답하지 못했던 때를 생각하면 일취월장한 실력이죠.

체크 포인트

이제 막 첫째 날이 시작되었는데 벌써 상당한 내용을 익히게 되었습니다. 이렇게 쉴 새 없이 연이어 '자, 한번 해 보세요.'라고 하면 양에 압도당해서 무엇 하나 제대로 해내지 못할 것 같지 않나요? 노하우를 알려 주는 책을 여러 권 사서 읽어도 전혀 도움이 되지 않았던 경험이 우리 모두에게 있으니까요.

보통 노하우를 알려 주는 책은 작가의 경험을 바탕으로 쓴 것입니다. 작가 본인에게는 대단히 도움이 됐던 경험일 테지요. 그러나 그 방법이 모든 사람에게 통하지는 않습니다. 대부분은 '아, 좋은 걸 배웠네'에서 끝나 버리죠. 행동으로 옮기는 사람도 거의 없습니다.

하지만 그렇게 탄산음료처럼 잠깐 시원함을 주는 방식으로는 만족할 수 없지요. 틈이 날 때마다 눈앞에 보이는 것을 설명해 보세요. 출렁출렁 늘어진 뇌의 군살을 탄탄하게 만들 수 있을 것입니다.

- 눈앞에 보이는 것을 소리 내어 말해 보면 문장력이 생긴다.

To **교수님**

Subject **새로운 단어가
도무지 외워지지 않습니다.**

'30초에 명사 열 개', '형용사 금지', '눈앞에 보이는 장면 설명하기'를 오늘 시간 날 때마다 시도해 봤어요. 그런데 아무리 생각해 봐도 제 머릿속에는 애초에 어휘가 별로 들어 있지 않다는 느낌이 듭니다.

교수님께서는 뇌에서 단어의 불꽃을 일으켜야 한다고 하셨죠? 그런데 이과를 나온 저는 단어를 기억하는 힘이 부족한 것 같습니다. 그래서 부탁드리고 싶어요. 단어를 외우는 특별한 비결이 있을까요? 암기력을 높이는 방법을 가르쳐 주세요.

. . .   **Send**

04 | 거울 속 나에게 가르치듯 암기하기

'외운 게 없으니 떠오르지 않는다'라는 고민이네요. 그럴듯한 말입니다. 이 문장만 봐도 김 사원님은 말하는 센스가 있어요. 그러니 걱정하지 않아도 됩니다. 계속해서 진도를 나가죠. 이번에는 암기력을 높이는 방법을 알고 싶군요. 그럼, 지금 바로 눈앞에 작은 거울을 놓아 봅시다.

암기할 때 제일 피해야 할 행동은 앉은 채로 가만히 눈을 감고 중얼거리면서 외우는 겁니다. 그러면 자기 내면하고만 대화하게 되죠. 암기란 '남에게 가르친다'라고 생각할 때 큰 효과를 발휘합니다.

그래서 거울이 필요해요. 책상 위에 얼굴이 보일 만한 크기의 거울을 준비하세요. 그러고 나서 거울에 비친 자신에게 외운 내용을 알려 줍니다. 주위에서 이상한 눈으로 볼지도 모르겠지만 손짓과 몸짓을 섞어서 거울 속 나를 가르쳐 보세요.

이렇게 하면 당연히 눈을 감을 수 없습니다. 졸리지도 않겠죠. 처음에는 조금 민망하겠지만 아주 효과적인 방법입니다. 집에 있을 때는 동작을 더 크게 해 보세요. 본인이 교단에 선 선생님이라 생각하고 큼직큼직한 움직임과 함께 씩씩한 목소리로 "이 부분이 중요해!" 하고 강조도 해 보세요. '외운다'기보다 '가르친다'는 느낌으로 하기! 이게 포인트예요.

외우는 습관을 기르자

김 사원님은 통째로 외우고 있는 시가 있나요? 주식에 관련된 경제 용어를 얼마나 말할 수 있지요? 감정을 표현하는 형용사를 몇 개나 쓸 수 있나요?

혼내려는 게 아닙니다. 지금은 몰라도 괜찮고 쓰지 못해도 좋아요. 하지만 오늘부터는 하루에 하나씩 암기해 보세요. 뭐든지 좋습니다. 뇌에 '게으름 피우지 마. 오늘도 외울 테니까.'라는 신호를 보내는 것이 중요해요.

내가 스스로 문장력이 좋아졌다고 실감한 시기는 명작 문학의 도입부를 한 줄씩 외우기 시작했을 때예요. 꼭 문학이 아니더라도 다양한 어휘가 포함된 문장을 매일 외우다 보면 뇌가 계속 자극받아 일하게 됩니다. 그러니 매일 암기하는 습관을 길러 보세요.

끝으로 하나 덧붙일게요. 바로 눈의 움직임입니다. 암기할 때 눈을 감으면 안 된다고 말했지요. 한곳을 응시하는 것도 좋지 않아요. 되도록이면 상하좌우로 눈을 움직이세요. 시각 정보를 가득 담으면서 외우면 더욱 효과적입니다.

이와 함께 더 잘 외우는 법을 추가하자면, 기억할 내용을 포스트잇에 써서 방에 붙여 두는 방법도 있습니다. 냉장고나 화장실 문에 암기하고 싶은 내용을 써서 붙여 두면 그 장면과 함께 기억할 수 있어요. 암기력을 높이는 방법은 이 외에도 무궁무진합니다. 자기만의 방법도 만들어 보세요. 먼저 해야 할 일은 책상 옆에 거울 두기. 자, 한번 해 보세요.

체크 포인트

뇌는 아주 게으름뱅이입니다. 항상 편하게 있으려고 해요. 그래서 '대박'이라는 말이 '맛있다', '멋있다', '위험하다'와 같은 의미로 반복해서 쓰이면 굉장히 좋아합니다. 아무 때나 '대박!'이라고 내뱉는 뇌가 되어 버리죠. 항상 '원, 삼각형, 사각형' 정도만 사용하다 보면 '직각삼각형'이나 '평행사변형'과 같은 단어에는 먼지가 쌓이고 맙니다.

그렇기 때문에 더 적극적으로 다양한 단어를 사용하려 애써야 해요. 누군가에게 가르치는 것처럼 큰 동작과 목소리로 게으른 뇌를 잠에서 깨워 봅시다. 게으름뱅이 뇌를 움직이게 만들면 머릿속에 어휘가 금세 채워집니다.

• 커다란 손짓과 몸짓으로 여러 번 강조하면서 말하는 것이 효율적인 암기의 비결이다.

"

짧은 시간에 뇌를 자극해서
말의 불꽃을 터뜨리세요.

반복해서 게으른 뇌를 단련시키면
어휘력은 반드시 되살아납니다.

"

To **교수님**

Subject **필요한 내용만 효율적으로
외우는 방법이 궁금합니다.**

암기의 비결을 알려 주셔서 정말 큰 도움이 됐습니다. 그러고 보면 순수하게 뭔가를 외우려고 노력한 건 정말 오랜만인 듯해요. 요즘은 스마트폰으로 뭐든지 금세 검색할 수 있으니 암기할 일이 거의 없었는데, 이번 기회에 열심히 해 보겠습니다.

그런데 교수님, 또 고민이 있습니다. 아무리 고전 문학의 도입부를 열심히 외운다고 하더라도 과연 회의나 일상 대화에서 사용할 일이 있을까요? 제 생각에는 핵심 내용만 효과적으로 기억하고 그것을 현장에서 활용하는 것이 암기에서 더 중요하지 않을까 싶은데요. 실제적이고 효과적이면서 쉽기까지 한 암기법이 있다면 가르쳐 주세요.

05 | 핵심 내용
딱 세 가지만 남기기

김 사원님의 말이 맞아요. 단순히 암기력만 높여서는 그냥 잘 외우는 사람으로 끝나 버리겠죠. 그럼 김 사원님이 말한 '실제적이고 효과적이면서 쉽기까지 한' 암기법을 알려 줄게요. 이건 초등학생들이 성적을 올리기 위해 쓰는 방법입니다.

'수업이 끝난 직후에 오늘 배운 것을 세 가지만 기억하기.'

간단하지요? 배운 내용을 그 자리에서 세 가지로 요약하는 것입니다. 이것만으로도 그날 배운 내용이 머리에 쏙 들어오게 되죠. 그게 쌓이고 쌓이면 성적은 저절로 올라가요.

같은 방법을 비즈니스에도 응용해 봅시다. 회의가 끝난 후 '회의에서 어떤 이야기가 오갔는지' 생각해서 세 가지로 정리하세요. 결정된 사항이 있다면 그것도 마찬가지로 세 가지로 요약하고요. 왜 세 가지냐고요? 한 가지나 두 가지는 회의 전체를 아우르지 못하고, 그 이상을 넘어가면 다 기억하기가 힘들거든요. 노트에 세 가지만 뚝딱 써 두세요.

이렇게만 해도 다음 회의 때 "지난번 회의의 포인트는 바로 이것입니다." 하고 금세 떠올리고 이야기할 수 있어요. 아주 효과적이죠.

상대의 이야기도 세 가지로 기억하자

이 방법은 누군가의 이야기를 들을 때도 도움이 돼요. 회의에서 다른 사람의 발언을 놓치지 않고 꼼꼼하게 메모해도 거의 다시 찾아보지 않죠. 이 사람이 무슨 말을 하고 싶은지 생각하면서 중요한 맥락을 세 가지로 정리하세요. 그 사람에게 질문할 때 혹은 대화할 기회가 있다면 이렇게 정리한 세 단어를 사용해서 말해 보세요. 그러면 상대방은 '아, 내 이야기를 경청하고 있었구나!' 하고 감격할 겁니다. 프레젠테이션이나 강연회에서도 마찬가지예요. 내용을 세 가지로 정리하는 것만으로도 실전에 도움이 되는 암기력이 길러집니다.

단, 무엇을 어떻게 정리할지가 중요합니다. 나는 학창 시절부터 세 가지로 기억하는 방법을 실천했어요. 수업에서는 선생님이 "여기 중요해."라고 말한 부분을 선택하는 게 포인트였지요. 그 부분만은 확실하게 외웠어요.

사회생활에서는 '다시 말하면', '결론은', '내가 하고 싶은 말은'과 같이 정리하는 표현 다음이 중요해요. 이런 말이 나오면 잽싸게 메모를 준비했죠. 그리고 수업이나 회의 중에 여러 번 언급했던 말, 발언자의 목소리가 커졌던 말, 논쟁이 됐던 단어 등에 주목하세요. 이렇게 기억해야 할 말은 노트 한쪽에다 써 둡니다.

예를 들어, 회사에서 창고 이전 장소를 정하는 회의가 있었다고 해 봅시다. 파주로 옮기자는 쪽과 구로로 옮기자는 의견으로 나뉘어서 어디로 이전할지를 두고 실랑이가 벌어졌어요. 파주를 주장한 사람들은 "창고 임차료를 절약해야 한다!"라고 이야기했고, 구로를 주장한 사람들은 "임차료도 고려해야 하지만 접근성이 우선이다!"라고 이야기했습니다. 이런 회의라면 '이전 장소', '임차료', '교통의 편의성'이라고 논의의 중심이 되었던 키워드만 우선 메모하세요. 단어만 써도 괜찮아요.

그다음에 바로 세 가지 단어를 사용해서 이렇게 문장으로 정리하세요.

'지난번 회의에서는 창고 이전 장소를 논의했습니다. 파주를 주장하는 쪽은 임차료를 아낄 수 있다는 장점을 말했고, 구로로 옮기자는 쪽은 창고의 접근성이 용이하다고 강조했습니다.'

단어만 써 두면 나중에 무슨 이야기가 오갔는지 기억하지 못할 때가 있어요. 그러니 세 가지 단어를 곧바로 '문장화' 하는 것이 요령입니다.

체크 포인트

아무리 암기력이 좋다고 해도 긴 대화에서 나눈 이야기들을 모두 외우고 있기는 어렵습니다. 그렇기 때문에 대화 직후에는 세 가지 키워드로 정리해 볼 것을 제안했어요. 처음에는 무엇을 정리해야 할지 감을 잡기 어렵겠지만, 연습하다 보면 점점 대화의 핵심만 쉽게 뽑아낼 수 있게 될 거예요.

이렇게 해서 첫째 날 '대화를 풍성하게 만드는 어휘력 수업'이 끝났습니다. 오늘 하루 동안 뇌에 '떠올리기, 기억하기, 떠올리기, 기억하기, 떠올리기, 기억하기'를 계속 반복하며 자극을 주었어요. 뇌가 깨어나는 것이 느껴지나요?

• 이야기는 세 단어로 정리하고, 정리한 단어는 곧바로 문장화한다.

—

누구나 한 번은 머릿속이 뒤죽박죽이라고 느낀 적
이 있을 겁니다. 생각이 정리되지 않아 무엇부터
말해야 할지 모르는 거죠. 둘째 날에는 머릿속 실
타래를 차근차근 풀어내는 연습을 해 봅시다. "그
래서 하고 싶은 말이 뭔데?"라는 말은 이 연습을
마치고 나면 더 이상 듣지 않게 될 거예요.

다양한 생각으로 확장하는
사고력

"도대체 내가 무슨 말을 하고 있는 걸까요?"

To **교수님**

Subject **주관적인 의견이라는 말을
자주 듣습니다.**

교수님, 두 번째 수업이 시작되었네요. 이번에도 잘 부탁드립니다. 부끄러운 얘기지만 저에게는 생각하는 습관이 없는 것 같습니다. 물론 생각을 전혀 안 하는 건 아니에요. '이게 정답이다', '이런 해결책도 있다'라는 생각은 머릿속에 있어요.
하지만 제 생각을 말하면 '너무 주관적이지 않냐'라든가 '생각이 짧다'는 말을 들을 때가 많습니다. 아무도 제 의견에 동의하지 않는 것 같아서 점점 더 말을 하기가 어려워요. 어떻게 하면 넓은 시각에서 사고하는 습관을 기를 수 있을까요?

. . .

Send

01 | 타인의 관점으로
생각하는 연습하기

좋은 아침입니다. 두 번째 수업의 날이 밝았군요. 오늘은 생각을 정리하고 다양하게 사고하는 법을 배울 거예요. '생각하기'란 참 어려운 일이에요. 나름대로 열심히 생각했어도 성장 환경이나 지식, 교양의 틀에 영향을 받았다면 선입견이나 몰아가기, 주관적인 의견으로 인식되고 말지요. 하지만 이것을 구분하기는 쉽지 않습니다.

그래서 둘째 날은 논리적으로 깊이 생각하는 단계에 앞서 간단하게 생각하는 습관을 기르는 방법을 전수할게요. 먼저 '타인의 관점으로 생각하기'입니다. 이 훈련으로 주관적인 사고방식에서 벗어날 수 있어요.

내가 광고계에 이제 막 발을 들일 무렵에 있었던 일입니다. 경쟁 PT 전에 카피라이터와 PD가 머리를 맞대고 아이디어를 짜고 있었어요. 그때 이 업무를 총괄하는 크리에이티브 디렉터가 이런 말을 했어요. "만약 나 말고 다른 크리에이티브 디렉터라면 어떻게 생각했을까?" 그저 지나가면서 툭 던진 말이었죠. 그런데 그때부터 모두가 자신의 머리를 벗어나 다른 사람의 머리로 생각해 보기 시작했습니다.

"O씨는 '회사에서 통하면 소비자에게도 통한다'고 자주 말했어요. 고객사에서 동기부여가 잘되는 방향으로 생각하는 것도 중요할 듯해요."

"K씨는 늘 '광고는 알기 쉬운 게 좋다'고 하거든요. 지금 나온 아이디어들은 이해하기 조금 어려운 것 같아요."

"그러고 보니 M씨는 '좋은 카피에는 차라리 그림을 넣지 않는 편이 낫다'고 했어요. 저 시안에서는 그림이 강렬해서 카피를 죽이고 있네요."

계속해서 번뜩이는 아이디어가 나왔습니다. 경쟁 PT는 당연히 이겼지요.

다른 사람처럼 생각해서 관점을 다양화하자

자기 머리로만 생각하려고 하면 아무래도 본인의 지식이나 경험치, 취향 등에 얽매이게 됩니다. '다른 사람처럼 생각하기'의 목적은 타인의 관점을 가짐으로써 상황을 다양한 측면에서 보도록 하는 것입니다.

예를 들어, 김 사원님이 송년회의 총무를 맡게 되었다고 가정해 봅시다. 김 사원님은 볼링을 좋아하고 노래방은 피하고 싶어요. 그래서 '볼링 대회'를 하기로 결정했다면 모든 참가자가 좋아할까요?

부장님은 '볼링은 전 직원이 참석하지 않으면 게임 진행이 어려우니 업무 상황상 진행하기 힘들겠다.'라고 판단할지도 모릅니다. 어떤 직원들은 '몸을 움직이는 건 재미없다.'라고 생각할 수도 있지요. 이렇게 다른 사람의 머리로 생각하면 모두가 만족하는 프로그램을 찾을 수 있습니다.

유능한 영업사원은 상대의 몇 수 앞을 내다본다고 합니다. 그저 눈앞의 거래처 직원을 설득하는 데 만족하기보다 그 직원이 상사에게 설명할 때를 고려해 알기 쉽게 말한다는 것이죠. 이것도 분명 거래처의 머리로 생각하는 데서부터 나온 비법일 겁니다.

'다른 사람의 머리로 생각하기'를 반복하다 보면 나 자신의 시야도 자연스럽게 넓어집니다. 다양한 관점도 가지게 돼요. 이 방법은 일이 아니더라도 일상생활 어디에나 응용할 수 있는 기술입니다.

체크 포인트

둘째 날은 첫날의 '어휘 떠올리기'에 '생각하기'를 더해 뇌의 본래 기능인 사고하는 방법을 연습해 보려고 합니다. 지금까지 우리는 '자기 머리로 생각하라', '자기다움을 드러내라', '자기표현을 해라'와 같이 독창성을 보여 주는 것이 좋다고 배웠습니다. 하지만 제 생각은 다릅니다. 먼저 다른 사람의 머리로 생각해 보세요.

내가 제일 모르는 사람은 바로 나 자신입니다. 독창적인 자기만의 생각은 그리 쉽게 떠오르지 않아요. 그렇다면 우선 잘 알고 있는 사람, 믿을 만한 사람이라면 어떻게 생각할지를 그려 보는 거죠. 타인의 사고방식을 따라가면서 생각하는 사이에 점점 자기만의 생각도 보입니다. 이 방법이 효과를 발휘하려면 사고방식이 대단하고 재미있는 사람이 누구인지 미리 생각해 두어야겠지요.

• '그 사람이라면 이렇게 생각할 거야'로 시야가 확장된다.

To **교수님**

Subject **"왜?"라는 질문에
저도 모르게 당황합니다.**

교수님, 메일 잘 받았습니다.

오늘 오전에 있었던 일인데요. 거래처 매장에 저희 회사 조미료를 진열하는 일을 돕고 있던 저에게 거래처 직원이 '왜 이렇게 진열했는지' 물었어요. 나름대로 그 사람의 입장에서 생각하고 '이 방법이 좋을 것 같아서'라고 대답하자 상대가 떨떠름한 반응을 보이더군요. 머릿속에서는 여러 이유가 떠올랐지만 막상 대답하려니 입이 안 떨어졌어요.

일을 하다 보면 제가 왜 이렇게 생각하고 행동했는지를 제대로 설명하지 못해서 종종 신뢰를 잃곤 합니다. '왜 그렇게 했냐'라는 질문에 잘 대답하고 싶어요.

Send

02 | 사소한 행동에도 이유를 붙여 보기

예상치 못한 질문을 받으면 뇌가 멈추는 사람들이 있죠. 왜 그렇게 했는지 대답하지 못하는 이유는 간단합니다. 평소 뇌에서 왜 그렇게 했는지 생각하는 습관이 없었기 때문이죠.

오늘 점심시간에 김 사원님은 뭘 먹을 계획인가요? 회사 근처의 김치찌개 집에 갔다고 칩시다. 그리고 '오래 기다리긴 했어도 이 집 김치찌개는 역시 맛있어!'라고 생각할지도 모르겠네요.

하지만 그저 맛있다는 말로는 부족합니다. '왜 김치찌개를 먹고 싶었을까?'에 대한 이유를 소리 내어 말해 보세요. '갑자기 기온이 떨어져서 따뜻한 음식을 먹고 싶었다.', '지난번 건강검진 결과가 좋지 않아서 한식 위주의 식사를 하는 중이다.', '아침 방송에서 김치찌개 특집을 했다.'와 같은 몇 가지 이유가 떠오를 겁니다. 떠오르는 만큼 마음껏 생각하세요. 그리고 중얼중얼해도 좋으니 소리 내서 말하세요.

잘 알아 두세요. 행동의 근원은 머릿속에 있어요. 우리는 뇌가 명령하는 대로 움직입니다. 그러니 본인이 지금 하는 행동에 대해 뇌가 어떤 지시를 내렸는지 생각하는 것이 중요합니다. 이것이 자신을 제어하는 가장 빠른 지름길이에요.

오전에 있었던 상황을 다시 떠올려 봅시다. 김 사원님은 분명 '이렇게 하면 물건을 집어 가기 편하겠어', '아이들이 툭 쳐도 무너지지 않게 해야지', '저쪽 모퉁이 끝에서도 보이도록 해야겠다' 등과 같은 생각을 하면서 진열했을 테지요. 이것이 행동의 근원입니다.

그렇게 머릿속에서 어렴풋이 떠오른 생각을 이제부터는 '집어 가기 편하게', '무너지지 않도록' 하고 입 밖으로 말하면서 작업해 보세요. 뇌가 내린 명령을 스스로 되뇌면서 행동하는 겁니다. 이렇게 하면 'A 하니까 B 했다'라고 이유를 덧붙이는 습관이 생깁니다.

이 방법을 반복하면 뇌가 이유를 말할 수 있는 상태로 바뀌어 갑니다. 김 사원님은 아직 연차가 많이 쌓이지 않았으니 상사로부터 '왜 이렇게 했냐'라는 질문을 받는 일이 종종 있겠지요. 이런 질문에 당황하지 않고 대답하기 위해서라도 이유를 소리 내어 말하면서 행동하는 습관을 길러 보세요.

주어를 삼인칭으로 바꾸어 생각하자

자기 행동에 대해 생각하기 위한 요령이 하나 더 있어요. 주어를 '나'라는 일인칭에서 '그'나 '그녀'라는 삼인칭으로 바꾸기입니다. 이렇게 하면 조금 거리를 두고 자기 행동을 바라보게 되면서 객관성이 생기죠. 이를 통해 생각하는 힘이 길러집니다.

첫째 날에 눈앞에 보이는 것을 중계하는 연습을 했었지요? 그 방법을 응용해서 자신의 행동을 모두 삼인칭으로 말해 봅시다.

"그는 매장에 아이를 동반한 고객이 많다는 사실을 알아챘다. 아이들이 툭 쳐도 잘 무너지지 않도록 선반 맨 아래 단에 조미료의 수량을 더 많이 진열하기로 했다. 육류 코너에서 이쪽을 보면 아무래도 사각지대가 생기겠다고 판단해 육류 코너 방향으로 포스터도 추가로 붙였다."

이런 식으로 설명해 보면 갑자기 질문을 받아도 명확하고 침

착하게 대답할 수 있어요. 삼인칭으로 바꾸어 행동에 거리를 두면 객관성이 높아지는 만큼 설득력이 생깁니다. 자, 이제부터 삼인칭으로 자기 행동을 소리 내서 말하세요.

✓ 체크 포인트

삼인칭을 주어로 두고 왜 그렇게 행동했는지 이유를 설명하는 습관은 '다른 사람의 머리로 생각하기'에서 '자기 머리로 생각하기'로 가는 중간 과정입니다. 이 방법은 자신의 행동을 다른 사람의 입장에서 이야기함으로써 객관적으로 생각하는 훈련을 하도록 도와줍니다. 갑자기 자기 생각을 하려고 하면 감정을 드러내거나 고정관념에 얽매이기 쉬운데 이를 피하기 위한 트레이닝이기도 합니다.

무심코 하는 행동의 원인을 조리 있게 생각하는 연습을 하다 보면, '왜?'라는 질문에도 척척 대답할 수 있을 거예요.

• 마음속 생각을 소리 내서 말하고, 주어를 삼인칭으로 바꾸어 생각해 본다.

다양한 생각으로 확장하는
사고력 **067**

To **교수님**

Subject **말하다 보면 저도 제가 무슨 말을 하는지 모르겠습니다.**

오늘 점심시간에는 앞선 메일의 고민과는 정반대인 이야기를 들었습니다. 회사 동료가 "김 사원님은 말주변이 없는 게 아니에요. 오히려 말이 너무 장황해요. 듣다 보면 무슨 말을 하는지 모르겠어요. 본인도 잘 모르죠?" 하고 묻더라고요. 실제로 말을 한번 꺼내면 정리되지 않은 채로 끝없이 이야기할 때가 종종 있어요.

말주변은 없는데 쓸데없이 붙이는 말이 많아요. 이야기가 여기저기로 흩어져서 수습이 안 됩니다. 나중에는 저조차도 무슨 말을 하려 했던 건지 잊어버려요. 교수님, 필요한 내용만 짧고 깔끔하게 전달하는 방법을 알려 주세요.

Send

03 | '제한 조건'으로 요점을 명확히 하기

내가 가르치는 제자 중에도 김 사원님 같은 친구가 많습니다. 특히 '말수가 적다'고 여겼던 학생이 느닷없이 봇물 터지듯 말할 때가 있어요. 하나부터 열까지 다 설명하려고 하는지, 이야기가 여기저기 딴 길로 새서 처음 주제를 벗어나고 결국은 수습이 안 되죠. 이것도 말주변 없는 사람들에게서 나타나는 하나의 증상입니다.

이런 이미지를 떠올려 보세요. 책상 위에 두었던 조각 퍼즐 상자 세 개를 실수로 떨어뜨렸습니다. 하나는 남산서울타워, 다른 하나는 자유의 여신상, 나머지 하나는 모나리자 퍼즐입니다. 퍼즐 조각이 뒤섞이면서 엉망이 됐어요. 자, 이제 어떻게 퍼즐 조각

들을 분류해야 할까요?

간단합니다. 먼저 '모나리자 퍼즐만 모으기'로 제한 조건을 설정하는 거예요. 그다음에는 '자유의 여신상', 마지막으로 '남산서울타워' 퍼즐을 정리합니다.

만약 퍼즐 조각을 하나씩 집으면서 '이건 자유의 여신상인가? 남산서울타워인가?' 하고 고민한다면 정리하는 데 시간도 굉장히 오래 걸리고 혼란스러운 상태가 계속되겠지요. 이게 바로 이야기가 장황하고 옆길로 새어 의미를 알 수 없는 김 사원님의 설명 방식입니다.

예를 하나 더 들어 볼까요. 친구에게 줄 생일 선물을 고르는 상황을 가정합시다. 막연하게 인터넷을 보거나 상점을 돌아다닌다고 해서 적당한 상품을 고를 수는 없지요. '친구가 좋아하는 브랜드', '오래 사용할 수 있는 것', '3만 원 이하'처럼 제한 조건을 걸면 쉽게 멋진 선물을 찾게 됩니다. 센스 있는 사람들 대부분은 제한 조건을 잘 설정하는 사람이에요.

그런 요령으로 상대와 대화할 때 '지금은 이것만 말하자'라고 제한 조건을 붙여 보세요.

"신제품 평가에 관해서는 고객들의 의견부터 설명하겠습니다."

"1인당 5만 원 이하의 금액으로 회식 가능한 곳을 말씀드리겠습니다."

"그러니까 네가 궁금한 점은 '어젯밤 내가 어디에 있었는지' 구나."

이처럼 요점이 무엇인지를 명확히 하고 그 이상은 말하지 않는 겁니다. 말을 많이 한다고 의견이 잘 전달되는 것은 아니랍니다. 짧고 굵게 말하는 것이 의도를 전하는 데 훨씬 더 효과적이에요.

주장은 하나, 이유는 세 가지

제한 조건 외에도 간결하게 말하기 위한 포인트를 하나 더 알려 줄게요. 바로 '주장은 하나, 이유는 세 가지'라는 원칙입니다. 간결하고 논리적으로 전달하는 비결이죠. 세 가지 이유를 찾는 방법은 다양하지만, 주로 트렌드, 특성, 이익의 측면에서 생각해 보면 좋습니다.

"저는 A 사의 애플리케이션 도입을 제안합니다. 그 이유는 우리 고객 대부분이 이용해서 편의성을 높일 수 있고(트렌드), 조작이 편리해 누구나 쉽게 쓸 수 있으며(특성), 저장된 데이터를 우리도 사용할 수 있기(이익) 때문입니다." 이렇게 말이지요.

어지럽게 흩어진 생각에 제한 조건을 설정하세요. 주장을 하나로 좁혔으면 트렌드, 특성, 이익에 맞는 세 가지 이유를 들어서 이야기하세요. 생각이 꽤 정리될 겁니다.

☑ 체크 포인트

'생각에 제한 조건 붙이기'는 아무런 생각 없이 쓸데없는 말만 늘어놓는 일이 없도록 '주장은 하나, 이유는 세 가지'로 한정해서 생각하는 방법이었습니다. 생각을 조리 있게 정리하는 데 아주 효과적이지요.

특히 말은 많지만 생각을 정리하지 못하는 사람에게 도움이 되는 방법입니다. 제한 조건을 설정하고 이에 해당하지 않으면 버리세요. 주장하고 싶은 내용을 정했으면 그 외의 내용은 배제하고 말하지 않는 것입니다.

지금까지 배운 내용을 잘 따라왔나요? 생각하면 할수록 의욕이 사라진다고 한탄하지 않게 스스로를 응원하면서 계속 시도해봅시다.

• 제한 조건을 설정하면 명확하게 말할 수 있다.

To **교수님**

Subject **"네 의견은 새롭지 않아."라는
말을 들었습니다.**

교수님 덕분에 정리해서 말하는 방법은 잘 알게 됐어요. 저는
늘 상대방의 지적에 위축되곤 했거든요. 제 말에 뭐라고 하면
당황해서 깊게 생각하지 못하고 뇌를 거치지 않은 채로 입에서
나오는 말을 그대로 뱉어 버렸습니다. 하나만 정해서 말하기.
앞으로 명심하겠습니다.

그리고 질문이 있습니다. 방금 회사 동료가 "김 사원님의 말은
누군가의 의견을 그대로 가져온 것 같고 창의적이지 않아요."
라고 말했어요. 맞는 말이긴 하지만 왠지 억울합니다.

'새로운 제안'을 적극적으로 해 나가려면 어떤 일부터 시작해야
할까요?

. . .

Send

04 | '○○이라는 사고법'으로 나만의 가설 세우기

나도 젊은 시절에는 '수동적이고 창의적이지 않다'라는 말을 자주 듣곤 했어요. 선배에게 이 고민을 털어놓았더니 "네 의견에는 가설이 없기 때문이야."라고 조언해 주더군요.

"너는 아이스크림을 보고 '이 아이스크림은 하얗고 차갑고 맛있어!'라고만 말하고 있어. 그게 아니라 네 가설을 말해야 해. 어렵지 않아. '○○이라는 사고법'을 끝에 붙여 보면 차차 가설을 세워서 말할 수 있게 돼. 그게 창의성으로 이어지는 거지."

'○○이라는 사고법'. 간단한 조언이었지만 이후 의견을 말하는 방식이 완전히 달라졌어요. '아이스크림은 휴가라는 사고법', '아이스크림은 국민 간식이라는 사고법', '아이스크림은 영화라는 사고법', '아이스크림은 생명이라는 사고법', '아이스크림은 프러 포즈라는 사고법', '아이스크림은 축복이라는 사고법' 등 생각나는 대로 30개 정도의 안을 냈습니다. 그랬더니 예전에 '아이스크림은 하얗고 차갑고 맛있다'라고 썼던 시절과는 확연히 다른 방향으로 생각하는 능력이 생겼어요. 이로써 뻔하지 않은 의견을 내는 방법을 터득하게 됐습니다.

'○○이라는 사고법'이 창의적인 뇌를 만든다

선배는 '하얗고 맛있다'라는 표현을 '말의 스케치화'라고 했습니다. 아이스크림의 겉모양만 그림으로 그리고 있다는 뜻이죠. 그에 반해 '○○이라는 사고법'은 '말의 전략화'라고 불렀어요. 아이스크림에 지금까지와는 다른 장소, 사람, 행동 방식 등을 덧붙여서 스케치 위에 계속 새로운 가설을 세워 간다는 의미입니다. 전혀 상관없어 보이는 것이라도 괜찮아요.

김 사원님도 '○○이라는 사고법'을 평소 대화에 꼭 활용해 보길 바랍니다. 생각하는 습관을 기르기 위해서 일상생활에서도 적극적으로 사용해 보세요.

저녁 식사 메뉴를 정할 때 단순히 '일식집으로 할까, 고깃집으로 할까'라고 생각하지 말고 '저녁 식사로 에너지를 충전한다는 사고법', '저녁 식사로 편안한 분위기를 낸다는 사고법', '저녁 식사로 여행하는 기분을 느낀다는 사고법', '저녁 식사로 학창 시절로 돌아간다는 사고법'처럼 생각해 보세요. 이렇게 하면 목적이 뚜렷해집니다. 목적이란 '착안점', 즉 '콘셉트'라는 의미죠. '○○라는 사고법'을 입버릇처럼 말하기만 해도 뇌는 전략적으로 바뀝니다.

성공 사례를 하나 들어 볼게요. 일본의 온천 지역에 위치한 지방 호텔의 사례입니다. 이 호텔은 유명했지만, 이용객이라고는 온천을 찾아오는 지역 어르신들이 전부였어요. 그래서 고민하던 사장은 직원들에게 "우리 호텔이 '디즈니랜드 같은 시설'이라고 생각합시다."라고 제안했습니다.

그러자 온천 내에 어린아이들이 뛰어다녀도 넘어지지 않는 바닥이 깔리고, 온 가족이 편하게 묵을 수 있는 방이 생기고, 산 중턱에 있는 수영장과 정상의 호텔을 잇는 곤돌라가 설치되었습니다. 직원들이 자발적으로 스탬프 투어를 만들기도 하는 등, 눈 깜짝할 사이에 어린 자녀가 있는 가족에게 인기 만점인 호텔로 탈바꿈했습니다.

오랜 세월을 간직한 호텔에는 격식과 전통이 있습니다. 이미지를 억지로 바꾸다가는 기존 고객을 잃을 가능성도 고려했어야 겠죠. 그런데 '디즈니랜드'라는 가설은 주 고객층이었던 어르신들에게도 손자 손녀와 함께 즐길 수 있는 곳이라는 생각을 심어주었습니다. 다양한 연령대를 모두 포용할 수 있도록 콘셉트와 시설을 교체함으로써 대단한 호평을 받았습니다.

'○○이라는 사고법'으로 가설 세우기. 누구나 쉽게 할 수 있습니다. 자, 한번 시도해 보세요.

둘째 날의 목적은 뇌에 생각하는 습관을 심어 주는 것입니다. 돌이켜 보면 우리는 학교에서 효과적으로 생각하는 방법을 배우지 않았습니다. 그러다 보니 같은 말이 반복되고 뻔한 의견이라는 반응을 얻게 되는 것이지요.

'○○이라는 사고법'을 반복하면 '말의 전략화'를 꾀할 수 있습니다. '전통 있는 오래된 호텔이 디즈니랜드라는 사고법'으로 생각을 바꾼 순간 모두의 아이디어가 전략화된 사례를 기억하세요. 크게 어울릴 것 같지 않더라도 색다른 관점을 더해 보면 뻔하지 않고 차별화된 의견을 낼 수 있게 됩니다.

- 말의 전략화를 통해 자신만의 '콘셉트'를 만든다.

To **교수님**

Subject **참신한 생각을 하려고 해도
아이디어가 떠오르지 않습니다.**

오후에 마침 교수님께서 알려 주신 방법을 곧바로 써먹을 기회
가 생겼어요. 회의에서 신제품 조미료에 대해 '조미료를 휴대한
다는 사고법'을 말했더니 '도시락에도 쓸 수 있게 만들자', '낱개
포장으로 해 보면 어떨까' 하고 모두가 제 아이디어를 발전시켜
주었습니다. 다 교수님 덕분이에요.

이제껏 저는 기획안을 내도 '더 생각해 보라'는 말만 들어 왔는
데, 처음으로 칭찬을 받아 자신감이 조금 붙은 것 같아요. 이번
경험을 계기로 참신한 발상이나 아이디어를 많이 떠올리고 싶
어졌어요. 어떻게 하면 좋을까요?

...

Send

05 | '1인 브레인스토밍'으로
뇌에 폭풍을 일으키기

대학이나 회사에서 '브레인스토밍(brainstorming)'이라는 회의 방식을 한 번쯤은 경험해 봤을 거예요. 브레인스토밍이란 말 그대로 '뇌에 폭풍을 일으키는' 방법입니다. 보통은 여러 명이 창의적이고 자유분방한 발상을 무작위로 내놓으면서 하나의 주제에 대한 아이디어를 도출하고 문제를 해결하지요.

브레인스토밍을 제대로 수행하기 위해서는 꼭 지켜야 하는 네가지 조건이 있습니다. 타인의 눈치를 보지 않고 성과에 대한 부담도 가지지 않으면서 의견을 낸다는 것이 어떤 환경에서는 다소 어려울 수 있기 때문이에요. 그 조건은 다음과 같습니다.

- 첫째, 남의 의견을 비판하지 말 것
- 둘째, 자유롭게 생각할 것
- 셋째, 질보다 양을 중시할 것
- 넷째, 각각의 아이디어를 결합할 것

이렇게 고정된 사고에서 벗어나 자유롭게 이야기하면서 도출된 의견 사이에 연쇄반응을 일으키다 보면, 처음에는 상상도 할 수 없었던 놀라운 아이디어가 만들어지기도 해요.

'사물에 관해서 생각한다.'라는 행위는 혼자서 하는 브레인스토밍이나 마찬가지입니다. 규칙은 똑같아요. 머릿속으로 비판하지 않고 상식이나 조건에 상관없이 많은 아이디어를 모으는 데 집중하기. 스마트폰으로 검색해서 좋은 정보를 발견했다면 일단 적어 두기. 어떤 아이디어든 무시하지 말고 계속 종이에 기록하기. 이런 습관을 기르세요. 최대한 기존의 관점에서 벗어나 새로운 생각을 하려고 애써 보는 겁니다.

반드시 내 생각이 아니어도 좋다

그런데 무작정 "많이 생각해 내!"라고 하면 어느 정도가 적절한지에 대한 기준이 없기 때문에 막막하기 마련입니다. 내가 다니고 있는 광고회사에서는 예전에 1인당 하루에 100개 안을 생각하라고 했어요. 생각하고 또 생각해서 더 이상 논리도 맥락도 없어지고, 자신을 극한까지 몰아붙였을 때 갑자기 탁! 하고 터지는 것이 있습니다. 이것을 우리는 '크리에이티브 점프'라고 불렀지요.

물론 김 사원님은 전문 카피라이터가 아니니 이렇게까지 자신을 몰아붙이지 않아도 괜찮아요. 내 경험치로 볼 때 적당한 기준을 말할게요. 33개의 안을 생각하세요. '안'이라고 해서 꼭 멋진 아이디어일 필요는 없습니다. 문득 떠오른 생각이나 소재로 충분해요.

연습을 좀 해 볼까요. '남산서울타워의 매력 전달하기'라는 제목으로 생각해 봅시다. 첫 번째로, 우선 머리에 떠오르는 생각을 가감 없이 쓰세요. '화려하고 뾰족하다.'라는 이미지가 생각났다면 그대로 메모합니다.

다음으로, '서울의 랜드마크'라는 말이 머리를 스쳤다면 그것도 그대로 적어요. 그 순간 '서울의 랜드마크가 남산서울타워 하나뿐인가?' 하고 생각했다면 그것까지도 옆에 메모해 둡시다. 어쨌든 머리에 떠오른 내용이라면 하나도 빠뜨리지 말고 모두 적어 나가세요.

조금 막힌다면 스마트폰으로 '남산서울타워'를 검색해 보세요. '커플들이 사랑을 맹세하는 자물쇠가 한가득 달려 있음', '미세먼지 농도에 따라 색이 달라지는 조명', '서울에서 케이블카를 운영하는 유일한 곳', '주변 맛집은 수십 년 된 돈가스 거리의 가게들'이라는 식으로 계속해서 재료가 나옵니다. 재미있다고 느낀 것을 항목별로 써 보세요.

'이런 게 아이디어라고?' 하는 생각이 들 수도 있어요. 이 단계에서는 아이디어가 아니긴 합니다. 자신의 머릿속에 있던 생각을 인터넷에 검색해서 모은 소재에 불과하죠. 하지만 아이디어란 아무것도 없는 데서 저절로 나오지 않습니다. 일단은 모을 수 있는 정보나 순간적으로 떠오른 생각을 계속 써 나가세요. 이렇게 하지 않고 멍하니 생각만 하면 아이디어의 신은 절대 내려오지 않습니다.

33개 안을 다 썼다면 전체를 다시 훑어보세요. 시시하다고 생각하지 말고요. 거기에 쓰여 있는 것은 김 사원님이 했던 사고의 흐름입니다. 많은 검색 정보 중에서 본인의 취향으로 고른 재료이기도 하죠. 모두 합해서 33개니까 한 번에 조망하기도 힘들지 않을 겁니다.

33개 안을 넓히고 연결하자

다음으로는 그 가운데에서 제일 재미있다고 생각한 내용을 고르세요. 예를 들면 '수십 년 된 돈가스 거리'가 재밌겠다고 생각했다 칩시다. 그러면 거기에다 '자물쇠 벽'이라는 정보를 붙여 보세요. 그 두 가지를 연결하면 'MZ 세대 커플이 부모님 세대를 따라 레트로 데이트를 한 후 자물쇠를 걸며 사랑을 맹세한다'라는 이미지가 떠오르겠죠. 이건 아주 괜찮은 아이디어입니다. 33개의 소재를 이리저리 연결해서 새로운 아이디어를 생각해 보세요.

이 방법은 모든 상황에서 응용할 수 있어요. 업무에서 실수를 저질러 거래처에 사과하러 가야 합니다. 이럴 때는 불안해 하면서 우왕좌왕하기보다 이 난관을 헤쳐 나갈 만한 33개 안을 내보세요.

'거래처의 부장님에게 직접 사과한다.', '우리 부장님과 관련 부서 직원들도 함께 찾아간다.', '뒷수습할 대책을 먼저 제안한다.', '일정을 잡는다.', '사과할 때는 공손하게 손을 모으고 천천히 머리를 숙인다.', '웃지 말 것. 입꼬리를 내린다.', '거래처에도 잘못이 있지만 오늘은 그냥 넘어가고 나중에 협조를 구한다.'와 같은 안을 생각해 보세요.

33개나 생각하면 어떤 상황이 와도 대처할 수 있어요. 앞으로 어떻게 해야 할지 일의 순서가 보이면 불안감은 사라지게 마련입니다.

기획서를 쓸 때도 곧바로 컴퓨터 앞에 앉지 마세요. 이 기획의 포인트, 문제점, 스마트폰으로 찾아낸 소재, 관계자가 했던 말, 지금 머리에 떠오른 생각 등을 33개 모아 보세요. 그리고 그렇게 모은 33개의 안을 서로 연결해서 전에 없던 아이디어를 만들려고 노력해 보세요. 무턱대고 컴퓨터 앞에 앉아서 쓸 때보다 틀림없이 알차고 흥미로운 내용이 될 겁니다.

그래도 여전히 33개가 너무 많다고 생각하나요? 중요한 것은 숫자가 아닙니다. 설령 9개밖에 생각하지 못했다고 하더라도 '이제 못하겠다, 나한테는 재능이 없어!' 하고 한탄할 필요는 없어요. '지금까지 9개나 떠올랐어. 나머지 24개를 생각해 보자'라고 마음먹으면 신기하게도 쓸 만한 소재가 짠 하고 나타나요. 사람은 '빨간 걸 봐야지.' 하고 의식하면 관련된 것만을 떠올리게 됩니다.

이것이 바로 아이디어를 생각하는 모습입니다. 이때 아이디어가 떠오르지 않더라도 실망하지 마세요. 계속 생각하는 습관을 기르세요. 33개의 소재를 반복해서 모으다 보면 이미 훌륭한 아이디어맨이 되어 있을 겁니다.

☑ 체크 포인트

여기까지 왔다면 말하고 생각하는 근육에 힘이 붙어서 한층 성장한 것이 스스로도 느껴질 거예요. '33개 안 생각하기'는 생각하는 '양'을 확보하기 위해서 관련 정보나 떠오른 생각을 최소한 33가지 메모하자는 내용이었습니다. 양을 확보하는 것이 뇌 트레이닝에 필수적이기 때문이에요.

둘째 날에 전수한 뇌 트레이닝 방법은 공사를 막론하고 효과적인 말하기와 글쓰기를 위해 꼭 필요합니다. 깨어 있는 내내 이 방법들로 훈련하며 계속 머리를 써야 해요. 그러기 위해서는 즐기면서 해야 합니다. 잘 안되더라도 괜찮습니다. 게임 하듯이 몇 번이고 도전해 보세요. 틀림없이 생각하는 일이 즐거워질 테니까요.

• 33개의 안을 내면 아이디어의 신이 내려온다.

본인의 지식이나 경험에서 벗어나
다른 사람처럼 생각해 보세요.

타인의 관점을 가지게 될 때
번뜩이는 아이디어가 떠오를 수 있습니다.

김 사원의 새로운 미션
"사장님 원고를 준비해 보세요!"

김 사원은 눈에 띄게 똑똑하지는 않지만 성실합니다. 시키는 일은 불평하지 않고 열심히 하는 편이죠. 지난 두 번의 수업이 진행되는 동안 시간 날 때마다 '우리나라 올림픽 금메달리스트 열명 말하기', '어릴 때 봤던 애니메이션 열 편 말하기' 등 어휘를 떠올리거나 출퇴근길에 눈앞에 보이는 상황을 중얼거리며 묘사했고, 회의 때는 '주장은 하나, 이유는 세 가지'를 적용하려 애썼으며, 동기들과 회식 장소를 정할 때는 33개의 안을 생각했습니다. 이처럼 기회만 있으면 배운 내용을 실천하고 있었지요.

광고홍보국의 이 부장은 불과 며칠 만에 김 사원의 변화를 눈치챘습니다. 지금까지는 김 사원이 그다지 눈에 띄지 않았는데,

갑자기 회의에서 핵심을 찌르는 의견을 내놓는 모습을 보고 '뭔가가 있군.' 하고 생각한 것이죠.

세 번째 말하기 강의가 시작되기 전, 이 부장은 김 사원을 불러 이렇게 말했습니다.

"이번에 신제품 요구르트 출시되는 거 알고 있지요? 한 달 뒤 있을 신제품 발표회를 한번 맡아서 준비해 봐요. TF팀에 홍보 담당자로 참여해서 사장님이 기자회견 때 읽을 원고를 써 줬으면 합니다. 이번 제품은 우리 회사의 사활이 걸린 프로젝트라서 사장님이 직접 회견에 나오겠다고 하셨어요. 사수로 한 대리를 붙여 주겠지만, 그래도 원고 작성은 어디까지나 김 사원의 몫입니다. 김 사원은 충분히 할 수 있을 거예요."

갑자기 사장님이 읽을 홍보 원고라니. 김 사원은 어안이 벙벙했습니다. 어떻게든 거절할 말을 찾으려 했으나 꼭 이럴 때면 머릿속이 텅 비어 아무 말도 떠오르지 않았습니다.

'곤란한데, 곤란한데.' 하고 금지어인 형용사만 떠오르는 가운데, 김 사원은 이 상황을 교수님에게 말씀드리려고 휴대폰을 켰습니다.

—

처음 말을 시작할 때는 좋은 생각 같았는데 점점 이야기가 산으로 가서 무슨 말을 하고 있는지 헷갈렸던 경험이 있지요? 깊이 생각하지 않고 말을 뱉다 보면 결국은 혼란에 빠질 수밖에 없습니다. 일단 '생각하는 틀'을 터득하면 누구나 쉽게 사물을 새로운 관점에서 바라볼 수 있습니다. 이번에는 말에 논리력을 더하는 훈련을 해 볼까요?

말에 깊이를 더하는
논리력

"내 이야기를 잘 알아듣지 못해요"

1. '왜'라는 질문을 다섯 번 던지기
2. '변증법'을 사용해 위험을 기회로 바꾸기
3. 전달할 대상을 정하고 구체적으로 상상하기
4. 의인화를 통해 같은 이미지를 공유하기
5. 목표를 설정해 역순으로 생각하기

To **교수님**

Subject **제 발언에 설득력을 더하려면
어떻게 해야 할까요?**

벌써 세 번째 수업이 시작되었네요. 저는 한 달 뒤에 내용도 제
대로 모르는 신제품 요구르트 기자회견용 사장님 원고를 쓰게
되었어요. 원고를 쓰는 일도 싫지만 대하기 어려운 한 대리님이
나 말 잘하는 광고회사 사람들과 일해야 한다고 생각하니 두렵
고 기운이 나질 않습니다.

교수님, 저만 아무것도 몰라요. 뒤처져 있습니다. 저는 어디서
부터 시작해야 할까요? 어떻게 하면 다른 사람들을 설득할 수
있을까요?

· · ·   Send

01 | '왜'라는 질문을
        다섯 번 던지기

먼저 중요한 프로젝트에 참여하게 된 걸 축하해요. 짧은 기간에 자신을 잘 보여 줬군요! 회사는 생각보다 직원을 잘 파악하고 있답니다. 이번 프로젝트는 김 사원님이 앞선 훈련을 통해 변화된 모습을 회사에서 잘 보여 주었기 때문에 찾아온 기회일 것입니다. 그러니 지금은 승부를 걸어야 할 때예요.

걱정이나 불안감은 대부분 '모른다'라는 사실에서 옵니다. 이번 일에서는 '신제품 요구르트'가 그 대상이네요. 김 사원님은 다른 팀원들보다 신제품에 대한 정보량이 매우 부족합니다. 지금 느끼는 두려움의 근원은 본인이 상품에 관해 무지하다는 사실입니다. 그렇다면 누구보다도 대상을 깊게 연구해야 하지 않을까요. 번지르르한 말로 포장만 하기보다는 근본적인 문제부터 해결해 봅시다. 상품에 대해 깊이 파고들어 보면 더 이상 두렵지 않을지도 몰라요.

여러 방법이 있는데 오늘은 도요타 생산 방식의 창시자인 오노 다이이치 전 도요타 자동차 부사장이 고안한 '5WHY' 기법을 제안할게요. 바로 시작해 볼까요.

'더 깊이' 파고들어 보자

지금 김 사원님에게 주어진 임무는 사장님이 기자회견에서 읽을 원고를 쓰는 일입니다. 발표회 행사장에는 기자들이 많이 오고, 그들은 '왜?'라는 질문을 계속해서 던지겠죠. 여기에 맞는 적확한 대답을 내놓으려면 미리 자신에게 '왜?'라는 질문을 던져 보아야 합니다. 그것도 다섯 번 연속해서 물어야 해요. 같이 한번 연습해 봅시다.

WHY ① 왜 이 상품을 개발했는가?
→ '애초에 왜?'라는 근원을 질문하자.
답 ① 현재 요구르트 시장이 확대되어 경쟁이 치열해지고 있기 때문이다.

→ 시장의 동향과 트렌드를 중심으로 생각하자.

WHY ② 왜 시장이 확대되고 경쟁이 치열해지면 신상품이
필요한가?

→ 답 ①을 WHY ②로 가져와 꼬리 질문을 하는 것이 요령
이다.

답② 현 시장의 트렌드는 '장내 환경'을 개선하는 기능성 특화
상품이다. 현재 우리 회사에는 적합한 상품이 없어 이대로는 요
구르트 시장에서 뒤처질 우려가 있기 때문이다.

→ 답 ①을 더 파고들어 시장 상황과 회사의 계획을 엮어서 대
답한다.

WHY ③ 왜 '장내 환경을 개선하는 상품'이 없으면 뒤처지
는가?

→ 마찬가지로 답 ②를 WHY로 가져와 더 깊이 파고들자.

답③ '장내 환경을 개선한다'라고 강조한 상품은 감기와 암 예
방 같은 건강 문제부터 미용과 노화 방지 같은 부분까지 여러 영
역으로 확산할 수 있어 구매 타깃을 다각화할 수 있기 때문이다.

→ 답 ②보다 더 상세하게 정확한 근거를 들어 신뢰도를 높이

고 타깃 설정까지 설명한다.

WHY ④ 왜 감기와 암 예방부터 미용과 노화 방지까지 가능하다고 어필하면 타깃이 확장되는가?

→ 또다시 답 ③을 WHY로 가져와 끈질기게 몰아붙이자.

답 ④ 다양한 연령대로 구성된 가족이라도 이 상품 하나만 있으면 모든 가족 구성원의 니즈에 맞는 건강 문제에 대비할 수 있다는 점을 강조한다. 가족 전원이 먹기 위해서는 대량 구매, 반복 구매가 필요하다.

→ 답 ③보다 상세하게 '대량 구매', '반복 구매' 등의 소비 행동까지 언급하자.

WHY ⑤ 왜 가족 전원이 먹을 수량을 대량 구매하고 반복 구매하면 회사에 유리해지는가?

→ 답 ④를 WHY로 옮겨 끝까지 몰아넣는다.

답 ⑤ 우리 회사는 120년의 전통이 있는 장수 브랜드로 신뢰도가 높다. 여기에 장내 환경 개선 기능이라는 새로움을 더하면 타사 대비 많은 고객 확보가 가능하다.

→ 답 ④보다 상세하게 자사의 강점까지 언급한다.

원칙은 다음 'WHY'에서 새로운 질문을 하지 않고 앞의 답변을 받아서 왜 그런지, 어째서 그런지 더 깊게 대답하도록 스스로를 압박하는 것입니다. 이 '5WHY' 기법은 어떤 상황을 정교하게 분석하고자 할 때 매우 도움이 되는 방법입니다. 예를 들어, '지금 일하는 부서가 본인에게 맞지 않는다'라고 가정해 봅시다.

- 왜 맞지 않는가?
  - → 젊은 직원이 나밖에 없어서
- 왜 젊은 직원이 나밖에 없으면 맞지 않는가?
  - → 나머지 직원들은 사고방식이 고리타분해서
- 왜 사고방식이 고리타분하면 맞지 않는가?
  - → 안건에 대한 사고방식이 다르니까
- 왜 안건에 대한 사고방식이 다르면 맞지 않는가?
  - → 기획이 통과되지 않는다

이런 식으로 생각하는 겁니다. 그러면 지금 일하는 부서가 본인에게 맞지 않는다고 생각하는 근본적인 원인은 '기획이 통과되지 않는다'라는 데 있다는 사실을 깨닫게 되죠. 모든 문제의 시작점을 알게 되었으니 이제 어떻게 행동해야 할지 조금은 확신이 생길 것입니다.

김 사원님도 우선 자기 나름대로 신제품에 대해 철저하게 생각해 보기를 바랍니다. '5WHY'를 몇 번만 반복해 보면 신제품에 대한 웬만한 질문에는 어려움 없이 답할 수 있을 겁니다.

체크 포인트

'논리적인 발상력 키우기'는 이번에 김 사원이 맡은 업무처럼 큰 행사에만 해당하는 것이 아닙니다. 일상적인 미팅이나 회의에서 발표할 때도 '5WHY' 방법을 사용해 볼 수 있어요.

계속 꼬리 질문을 이어 가다 보면 깊이 사고할 수 있게 되고 이는 주제의 본질을 파악하는 데 도움이 됩니다. 기획서를 쓸 때에도 '5WHY' 기법을 사용하면 결국 기획의 목적을 발견할 수 있죠. 담당자가 맡은 일의 본질을 완벽하게 파악하고 있다면 더할 나위 없이 좋습니다. '5WHY' 기법은 일잘러가 되는 첫걸음이라고도 할 수 있겠네요.

• 5WHY로 핵심을 파고들면 원하는 답을 찾게 된다.

To **교수님**

Subject **단점을 장점으로
바꾸는 것이 가능한가요?**

교수님, 알려 주신 5WHY 방식으로 상품에 대해 곰곰이 생각해 보았습니다. 그런데 여기에서 나온 답변을 제 사수인 한 대리님께 설명하자 갑자기 이런 질문을 하셨어요. "이 요구르트가 시장에서 외면받는다면 어떤 부분 때문일까요?" 예상하지 못했던 질문에 또 머릿속이 하얘져 버렸어요. 상품의 강점에만 신경이 쏠려 있어서 단점이 바로 생각나지 않았습니다.

한 대리님은 "부정적인 면도 봐야 해요. 단점을 장점으로 바꾸려고 노력해야지요."라고 조언해 주었습니다. 솔직히 어떻게 해야 좋을지 모르겠어요. 단점을 장점으로 바꾼다니, 그게 가능한 일인가요?

...   Send

02 | '변증법'을 사용해 위험을 기회로 바꾸기

한 대리라는 분, 프로답네요. 김 사원님은 좋은 선배를 사수로 두었어요. 한 대리님이 말하는 것은 독일 철학자 헤겔의 '변증법'이라는 사고방식입니다. 우리나라 사람들은 대개 철학은 어렵고 지루하다고 생각해 멀리하려는 경향이 있죠. 하지만 프랑스에서는 어려서부터 철학을 배우고 초등학생들도 변증법을 사용해 토론한다고 합니다. 철학은 사물을 사유하는 기본적인 틀이에요. 잘 기억해 두세요.

우선 머릿속에 정삼각형을 그려 보세요. 밑변의 왼쪽에 있는 한 점이 김 사원님이 옳다고 생각하는 의견입니다. 이번에는 반대편인 오른쪽 점을 봅니다. 그것이 김 사원님의 반대 의견이에요. 이 두 의견이 서로 맞다고 우기면서 다투면 끝까지 문제가 해결되지 않습니다.

그래서 '의견'과 '반대 의견'을 조율하여 삼각형의 꼭짓점에 '높은 차원의 의견'을 만듭니다. 이것을 '양기(揚棄)' 혹은 '지양(止揚)'이라고 하는데, 몰라도 좋습니다. 조금 어려웠으려나요.

간단한 예로 설명해 볼게요. 소풍 때 가져갈 간식의 1인당 상한액이 3,000원이라고 합시다. 김 사원님은 초콜릿을 아주 좋아해서 3,000원짜리 초콜릿을 하나만 사기로 결정 했어요. 이것이 '의견'입니다.

이에 대해 마음속에서 또 다른 김 사원님이 '난 그 의견에 반대야! 소풍을 가면 한나절이나 있어야 할 텐데 초콜릿 하나만으로는 버틸 수 없어. 금방 배가 고파질 거야. 더 오랫동안 먹을 수 있게 양이 많은 과자를 사야 해. 게다가 초콜릿은 금세 녹아 버리잖아. 요즘처럼 더운 날씨에는 맞지 않아.'라고 말합니다. 이것이 '반대 의견'입니다.

여기에서 '찬성'과 '반대'로만 계속해서 대립하면 답이 나오지 않습니다. 찬성 의견인 '초콜릿을 가져가고 싶다.'와 반대 의견인 '장시간 버틸 수 있는 간식이어야 한다.', '더위에 견딜 수 있어야 한다.'라는 의견을 합쳐야겠죠.

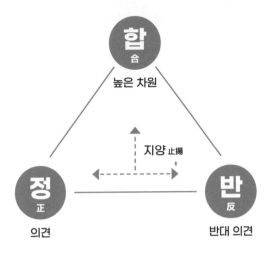

　가게에 갔더니 마침 튜브에 들어 있는 초콜릿을 1,000원에 판매하고 있었습니다. 이걸 구매하면 남는 돈으로 다른 과자도 살 수 있고 더위 문제도 해결됩니다. 조금씩 녹여 먹는다면 꽤 오래 버틸 수도 있겠죠. 이처럼 높은 차원의 의견을 생각하는 것이 변증법적 사고방식입니다.

똑똑한 사람일수록 반대 의견을 소중히 여긴다

부정적인 면도 봐야 한다는 한 대리님의 말은 '새로운 장내 세

균 발견'이나 '장수 브랜드가 주는 안정감'이라는 장점만 부각해서는 냉혹한 시장에서 살아남을 수 없다는 뜻이에요. 상품의 약점과 부정적 측면을 제대로 바라보고 기존의 의견을 뛰어넘는 새로운 차원의 주장을 생각하라는 것이죠.

김 사원님이 보내 준 자료를 보면 신제품은 가격이 꽤 비싼 듯합니다. 아무리 고기능 상품이라고 해도 가격대가 있는 제품을 가족 구성원 모두가 매일 마시려면 충분히 수긍할 만한 이유가 필요하겠죠. 고객에게 이 정도의 값을 지불해도 아깝지 않을 만한 상품이라는 확신을 줘야 합니다. 그러지 않으면 고객들은 더 저렴한 상품을 찾으려고 할 테니까요. 그러니까 이 '비싼 가격'이 이번 신제품의 부정적 측면이겠네요. 정삼각형의 오른쪽 점이죠. 한 대리님은 '장 건강에 좋은 균이 들어 있지만 비싸다'라는 약점을 극복하려 하고 있어요. 기억하세요. 똑똑한 사람은 반대 의견을 소중히 여깁니다.

김 사원님도 한 대리님에게 지지 말고 곰곰이 생각해 보세요. 가격이 비싸지는 데는 그럴 만한 이유가 있습니다. 수작업에 드는 인건비. 자연 유래 원료만 사용하는 제조 공정. 대량 생산이 어렵다는 희소성도 있겠지요. 왜 가격이 비싼지 개발자에게 확실한 답을 듣고 변증법적 사고방식을 이용해 단점을 장점으로 바꿔 보세요.

 **체크 포인트**

인공지능이 이렇게나 발달하고 지식이 전 세계적으로 연결되는 시대가 되었는데도 200년도 더 전에 고안된 헤겔의 변증법이 여전히 활용되는 이유는 그만큼 논리적이고 탄탄한 사고법이기 때문일 테지요.

변증법적인 사고법은 요즘 사회에 특히 필요합니다. 학교의 수업 현장을 한번 보세요. 반대 의견을 듣기가 두려워 본심을 말하지 못하는 아이들이 얼마나 많은지. 대학교 세미나 발표, 기업의 미팅 자리에서도 마찬가지입니다. '반대 의견을 내서 그 자리의 분위기를 나쁘게 만들 바에야 가만히 있는 편이 낫다'는 생각과 태도가 사회 전체의 지성을 약하게 만드는 것은 아닐까요.

'반대 의견'을 자기 의견의 밑거름으로 삼아 새로운 차원의 의견으로 발전시키려는 자세야말로 우리가 사물을 생각할 때 필요한 부분입니다.

• 장점과 단점을 합치면 더 높은 차원의 주장을 만들 수 있다.

To **교수님**

Subject **사람들이 무얼 원하는지 잘 모르겠습니다.**

교수님, 말씀해 주신 대로 한 대리님에게 신제품의 단점을 말할 때 삼각형을 그려서 설명했어요. 그랬더니 웃으면서 "변증법을 알고 있네요?"라고 말해 주었습니다. 이 점을 마케팅팀, 연구소와도 상의하면서 단점을 장점으로 바꾸는 작업을 진행하려고 합니다.

그리고 한 대리님이 "팔고 싶은 상대를 최대한 명확히 하라."는 말을 했습니다. 타깃과 관련해서 상세하게 조사한 데이터는 갖고 있어요. 여기에서 무엇을 얼마나 더 발전시켜야 할까요?

· · ·

Send

03 | 전달할 대상을 정하고 구체적으로 상상하기

한 대리님이 좋은 포인트를 짚어 주었네요. 김 사원님은 "자세하게 조사한 데이터가 있다."고 했어요. 하지만 아무리 데이터가 정확해도 제대로 분석하지 못하면 의미가 없습니다. "팔고 싶은 상대를 명확히 하라."고 말하는 이유는 그 때문이에요.

사례를 하나 들어 볼까요. 대기업이 밀집된 도심의 한 편의점은 밤 10시 이후에 디저트 매출이 높았습니다. 전국 평균보다 훨씬 높은 수치였어요. 역 맞은편에 위치했을 뿐인데 밤늦은 시간에 디저트 매출이 올라가는 이유를 알 수 없었습니다. 데이터상의 수치만으로는 이유를 도출해 내지 못했어요.

그래서 타깃을 자세히 관찰해 보니 디저트를 사는 고객이 모두 20~30대의 젊은 여성이라는 결과가 나왔습니다. 밤늦게 야근을 마치고 '나에게 달콤한 선물을 주자.'라는 심리가 작용한 것이었습니다. 이것이 바로 한 대리님이 말하는 '팔고 싶은 상대를 최대한 명확히 하는' 예시입니다.

머릿속에서 한 명의 타깃을 생생하게 그리자

김 사원님이 신제품 요구르트를 팔고자 하는 이상적인 모델은 누구인가요? 정확한 데이터가 있으니 그 모델이 적절한지는 나중에 검증하면 됩니다. 먼저 최대한 구체적으로 타깃을 상상해 봅시다.

이름을 짓고 성별과 나이를 정하세요. 이 단계를 대충 넘어가면 안 됩니다. 상품에 어울릴 만한 사람인지 철저하게 고민해 설정하세요. 가족 구성은 어떻게 될까. 어떤 직업을 가진 사람일까. 거주지는 어디이고 연 수입은 어느 정도일까. 취미도 잘 생각해 보세요. 현재의 관심사는 무엇일까. 지금 안고 있는 고민, 불안을 느끼는 일은 무엇일까. 어떤 불평불만이 있을까. 꿈이 뭘까. 목표는 무엇일까. 동경하는 라이프 스타일도 생각하세요.

자, 그리고 나서 다음과 같이 써 봅시다. 타깃을 자유롭게 상상해 보는 거예요.

최지혜. 만 45세. 경기도 신도시 거주. 세 살 연상의 남편, 중학교 2학년 아들, 초등학교 6학년 딸과 아파트에 살고 있다. 남편은 판교의 IT 회사에 근무, 본인은 수원의 한 은행 지점에서 근무한다. 연 수입은 둘이 합쳐 1억 6000만 원. 취미는 최근에 시작한 아파트 근처 주말 농장에서 작물을 키우는 일. 꿈은 조그맣게나마 텃밭을 가꿀 수 있는 정원이 딸린 단독주택을 짓는 것. 현재 고민은 아들의 사춘기와 자녀들의 사교육비 문제. 아이들과 아침 식사만은 함께 먹으며 대화하고 고민을 들어 주려 신경 쓰고 있다.

이런 식으로 생각하는 겁니다. 눈앞에 명확한 상황이 떠오르지요. 상대를 생생하게 상상하는 일은 타깃을 정하는 기본입니다. 그다음으로 그 장면에 신제품이 녹아들 방법을 생각하세요. 작은 텃밭에서 일하는 장면도 좋고, 바쁜 아침 시간에 가족이 함께 밥을 먹고 있는 모습을 그려 봐도 좋습니다.

데이터는 이와 같은 이미지를 검증하기 위해 사용합니다. 우선은 물건을 팔 상대를 머릿속에서 명확히 하세요. 소비자가 누구인지 구체적으로 상상하는 과정의 끝에서 독창적인 결과물이 탄생하게 됩니다. 대상을 머리에서부터 발끝까지 하나의 상으로 만들어 기획서를 쓰면 현실감이 높아집니다. 예상 고객을 명확하게 그릴 수 있으면 협상에도 유리하죠. 비즈니스의 모든 상황에서 응용할 수 있습니다.

체크 포인트

이번에는 '전달할 상대'를 명확하게 상상해서 이야기에 현실감을 더하는 방법에 대해 배웠습니다. 마치 범죄 심리학자의 프로파일링과 같지요. 우리가 일을 할 때 가상의 타깃을 명확하게 설정해 두면 이 기획에서 실제 구매로 이어질 수 있는 대상은 어떤 사람들일지 예측하기가 쉬워집니다.

이 세상을 살아가는 사람은 모두가 각양각색입니다. 그만큼 욕구와 니즈도 다양하죠. 전체를 만족시킬 수 있는 비즈니스는 없다는 것을 명심하세요.

• 상대의 세세한 부분까지 상상해 보면 필요한 것이 무엇인지 보인다.

To **교수님**

Subject **상대가 더 알기 쉽게
설명하는 방법은 없나요?**

기획서를 쓰거나 상품을 개발할 때도 타깃을 최대한 사실적으로 그리는 일부터 시작하라고 하셨지요. 직접 해 보니 확실히 '이 사람에게 잘 팔고 싶다!'라는 마음이 생깁니다.

교수님, 여기에서 더 나아가 상품을 한층 매력적으로 보여 주는 사고법이 있을까요? 한 대리님의 표현을 빌리자면 "상품에 생명력을 불어넣는" 방법인데요. 5WHY, 변증법 적용하기, 전달할 대상을 구체적으로 상상하기를 배웠지만, 여전히 어떤 상품이 어떻게 도움이 되는지 설명하는 방법은 잘 모르겠습니다.

Send

04 | 의인화를 통해
같은 이미지를 공유하기

'상품에 생명력을 불어넣는다.' 아주 멋진 말이군요. 고객에게 상품의 매력을 전하기 위해 꼭 필요한 것이기도 하고요. 구매 타깃을 아무리 구체적으로 그린다 해도 요구르트를 아래와 같이 설명한다면 누구도 지갑을 열지 않을 겁니다.

"장수 식품기업에서 나온 신제품으로, 장내 환경을 개선하는 요구르트입니다."

이것은 요구르트라는 '제품'에 관한 설명일 뿐, 고객에게 필요한 '상품'이 아니기 때문이죠. 모든 사람이 "아, 그런 특징(성격)이 있군요!" 하고 제품의 성격을 분명하게 파악할 수 있도록 하세요. 이것이 한 대리님이 말하는 '상품에 생명력을 불어넣는' 일입니다.

자, 어떻게 하면 좋을까요. 김 사원님이 열심히 홍보하려는 상품이 어떤 성격과 매력을 가지고 있는지 누구나 알기 쉽게 설명하려면 말이죠. 이런 방법 가운데 하나가 '상품의 의인화'입니다.

이것을 의인화할 수 있을까?

의인화란 '사물을 사람에 빗대어 표현하는 방법'입니다. 이러한 의인화를 가장 잘 활용한 분야는 전래 동화예요. 설악산의 울산바위는 1만 2000 봉우리 가운데 하나가 되기 위해 금강산으로 향하다가 미처 그곳에 도착하지 못하고 주저앉았다는 설화를 가지고 있죠. 치악산 설화에는 구렁이에게서 자신의 목숨을 살려준 사람에게 은혜를 갚기 위해 종에 머리를 박고 죽은 꿩이 등장하기도 합니다. 이 이야기 속 꿩의 이미지를 살려 만들어진 원주시의 캐릭터 '꽁드리'는 시민들에게 큰 사랑을 받고 있어요.

엔터테인먼트 업계 역시 아이돌 멤버의 특징을 살린 캐릭터를 만드는 방식으로 의인화 마케팅을 사용합니다. 가장 대표적으로는 보이그룹 BTS가 네이버의 라인프렌즈와 협업해 만든 BT21 캐릭터가 있겠네요. 캐릭터를 만드는 데 멤버들이 직접 참여해

의미를 부여하고, 대형 플랫폼의 자본으로 판로를 확보해 큰 시너지를 냈죠. 캐릭터는 실물 사진보다 굿즈 제작의 활용성이 한층 높아 BT21 캐릭터는 팬들 사이에서 지금까지 인기를 이어오고 있습니다.

상품을 의인화해서 생명력 불어넣기. 이걸 잘하게 되면 말하기와 글쓰기에 설득력이 생기고 전달되는 속도도 당연히 빨라집니다. '한국은 어떤 나라인가?' 하는 질문에 '외롭고 슬프지만 굳세게 자란 빨강 머리 앤 같다'라고 대답하면 이해가 빠르고 확실해질 거예요.

새로 출시할 요구르트도 의인화해서 생각해 볼까요. 백지 상태에서는 생각하기 힘드니까 이미지가 확실한 사람에 대입해 보죠. 예를 들어, 이 요구르트를 전 국가대표 피겨스케이팅 선수 '김연아 선수'라고 생각합시다. '젊고 아름답다, 건강하고 매력적이다, 강인하고 똑 부러진다'. 김연아 선수가 가지고 있는 이미지를 신상품의 특성과 연관 지어 생각해 보세요. 김 사원님의 회사에서 발견한 장내 플로라를 정돈하는 균은 건강에 분명히 도움을 줍니다. 꾸준히 먹으면 장내 환경이 개선되어 아주 날씬해질 테고요.

이런 식으로 김연아 선수와 신제품 요구르트를 관련지어 생각해 나가다 보면, 이번에 나올 요구르트는 사람을 건강하게 하는 요소와 아름답고 사랑스럽게 만드는 요소를 모두 갖추고 있다고 설명할 수 있어요. 여기에서 '당신을 건강하고 아름답게 해 주는 요구르트'라고 의인화가 가능합니다.

한 사람 더 생각해 볼까요. 국민 MC인 유재석 씨를 예로 들어 볼게요. 유재석 씨는 50대가 훌쩍 넘은 나이로, 데뷔한 지 30년이 넘었지만 건강한 이미지를 가지고 있고 철저한 자기 관리를 통해 여전히 최정상의 자리를 지키고 있습니다. 남녀노소 상관없이 호감도도 상당히 높은 편이죠. 자신의 경험을 바탕으로 금연과 관련된 이야기도 하면서 건강한 이미지를 더욱 강화하기도 했습니다.

이것을 상품에 가져와서 유재석 씨처럼 '철저한 자기 관리로 최고의 자리를 추구하는 사람을 위한 요구르트'라고 생각해 보는 겁니다.

의인화를 사용하면 상대와의 공감대를 형성하기 쉽습니다. 어려운 이야기도 쉽게 전달되지요. 말을 잘하는 사람은 대개 '비유를 잘하는 사람'입니다. "한국은 빨강 머리 앤, 미국은 마릴라 아주머니"라는 표현처럼 비유할 예시가 풍부한 사람은 비즈니스 협상 능력이 뛰어납니다. 이 방법은 모든 비즈니스 상황에서 활용할 수 있어요.

'의인화'의 장점은 상대와 내가 동시에 같은 그림을 그릴 수 있다는 것입니다. 아무리 길고 자세하게 설명하더라도 상대에게는 이미지가 흐릿할 수 있는데, 이미지를 사람이나 동물 등에 비유해 설명하면 또렷하게 생각이 나겠지요.

특히 비즈니스에서는 말을 하는 사람과 듣는 사람이 생각하는 간극을 좁혀 빠르게 의미를 전달할 수 있다는 것이 가장 큰 장점일 텐데요. 혼자 알고 있는 내용이 아니라 상대도 쉽게 이해할 수 있는 특징을 가진 사례를 이용해 전달하기 위해서는 다양한 사례를 수집하고 말하는 훈련을 해야겠네요.

• 특징을 잘 잡으면 전달 속도가 엄청나게 빨라진다.

To **교수님**

Subject **왜 최종 목표부터
생각해야 할까요?**

교수님 감사합니다. 여러 사람의 모습을 상상하면서 상품의 특징을 생각해 봤더니 그냥 '제품'이었던 요구르트에 '상품'으로써의 캐릭터가 생긴 듯합니다. 생명력이 채워졌어요.

그런데 이 단계에서 부장님에게 진행 상황을 보고드렸더니 "최종 목표가 명확하지 않다."라는 피드백을 받았습니다. 앞으로 어떤 방향으로 진행될지 모르는데 최종 목표를 확정하는 게 가능한가요? 제 생각엔 시간 낭비 같습니다.

. . .

Send

05 | 목표를 설정해 역순으로 생각하기

또 옛날이야기를 하나 할게요. 내가 새내기였을 때 건강 기구를 광고하는 일이 들어왔어요. 거래처에 방문해 제품 설명을 듣고 회사로 돌아왔습니다. 그런데 자료를 읽으려는 순간, 선배가 "지금 생각한 정도도 괜찮으니까 프레젠테이션을 한다 치고 나한테 기획을 설명해 봐. 상상이나 어설픈 이야기도 상관없어."라고 말했어요.

거래처에서 설명은 들었지만, 아이디어는 하나도 떠오르지 않은 상태였죠. 못하겠다고 했더니 선배가 "억지라도 좋으니까 말해 봐."라고 하더군요. 하는 수 없이 회의실 앞으로 나가 화이트보드를 두고 이야기했어요. 시장이 어떤 상황이고 경쟁 상품은 어떤 식으로 어필하고 있는지. 타깃은 어느 연령대로 할지. 연예인으로 비유하면 어떤 이미지일지. 광고 카피와 크리에이티브 안까지. 그냥 입에서 나오는 대로 말해 버렸죠. 결국 허점투성이인 내 이야기에 의기소침해졌습니다. 그러자 선배가 이렇게 가르쳐 주더군요.

"지금 네가 아무것도 모른다는 사실을 깨달았지? 어디에 허점이 있는지, 모르는 게 뭔지, 어떻게 생각하면 좋은지. 잘 들어. 프레젠테이션 장면을 마지막에서부터 거꾸로 재생해 보면 우리에게 부족한 점이 보여. 업무의 미로 속에 있을 때 도착 지점에서 시작해 거슬러 올라가면서 다시 출발 지점까지 가 보는 거야. 일은 맨 끝에서부터 생각해야 해."

어려울 때는 결론부터 결정하자

'죽음학(thanatology)'이라는 학문이 있습니다. 배우는 내용에는 자신의 장례식 때 친구들이 어떤 추도사를 읽어 주길 바라는지 생각하는 것도 포함돼요. 친구들에게 내가 어떻게 기억되고 싶은지 미래의 모습을 설정하고 현재 자신의 모습으로 되돌아오는 거죠. 이처럼 목표를 먼저 확정하고, 이를 이루어 나가기 위해 계획을 세우는 사고방식을 '백 캐스팅(backcasting)'이라고 합니다. 선배는 나에게 이와 같은 사고법을 가르쳐 준 셈입니다.

이 부장님이 말하는 포인트도 마찬가지라고 생각해요. 백 캐스팅으로 생생하게 상상한 미래에서부터 현재로 되돌아오세요. 그렇게 하면 빠진 부분이 무엇이고 무엇을 모르는지 잘 알게 될 겁니다. '논리적 사고'라고 하면 맨 처음부터 시작해서 하나하나 논리를 쌓아 가는 과정이라고 여기죠. 하지만 그게 전부는 아닙니다. 최종 목표를 상정하고 조감하는 것도 논리적, 즉 조리 있게 생각하는 한 가지 방법입니다.

나는 말하기나 글쓰기를 할 때 마지막 한마디인 '맺음말'을 먼저 생각할 때가 있어요. 정확하게 논리적으로 말할 수 있을 것 같은 때에도 스스로 "그래서, 최종 결론이 뭐야?" 하고 되묻습니다. 이런 식으로 타협점을 정하고 미팅을 진행하면 꽤 탄력이 붙습니다. 결론을 정하고 이야기를 다듬는 방법은 백 캐스팅 사고와 매우 비슷합니다.

김 사원님도 지금 단계에서 기자회견 당일을 상상해 보세요. 장소는 호텔의 넓은 연회장일까요, 아니면 회사의 대회의실일까요? 그날 광고 모델을 부를 건가요? 기자들에게 시식용 제품을 제공할 계획인가요? 그렇다면 참석 인원을 파악해서 미리 상품 준비를 요청해 두세요.

'기획을 전부 끝낸 다음에' 결정하려고 하면 시간이 부족해요. '미리 준비해 둘걸 그랬다.'라고 후회하는 부분이 꼭 생깁니다. 백 캐스팅으로 최종 목표를 그렸다면 일단 움직이세요. 주저하지 마세요. 잘못했을 땐 중간에 수정하면 됩니다. 자, 한번 해 보세요.

기획이 실행된 결과를 상상하고 그 지점에서부터 현재를 생각하는 '백 캐스팅'은 시간 낭비 같을 수 있지만 사실은 전체를 조감하여 더 빨리 행동하도록 해 주는 효율적인 방법입니다. 자칫 놓칠 수 있는 부분까지 파악할 수 있을 뿐 아니라, 최종 결론을 미리 알고 있어 잘못된 길로 빠질 일도 없기 때문이에요.

셋째 날 배우는 다섯 가지 방법 중 하나라도 실천한다면 여러분은 틀림없이 논리적으로 생각하는 사람이 될 겁니다. 계속해서 본인에게 어울리는 방식으로 바꿔 나가세요. 나만의 사고법을 가지는 것이 가장 중요합니다. 만약 훌륭한 사고법을 개발했다면 저에게도 살짝 알려 주세요.

• 논리적으로 생각하는 방법은 하나가 아니다.

타깃이 누구인지 구체적으로 상상하는 과정의 끝에서
독창적인 결과물이 탄생합니다.

대상을 머리부터 발끝까지
하나의 상으로 그릴 수 있다면 현실감도 높아집니다.

잡담의
비밀

광고홍보국를 책임지고 있는 이 부장은 '잡담의 명수'입니다. 그냥 툭 던지는 가벼운 이야기인데 사람들은 흥미를 보입니다. 그래서인지 일에서는 냉정하리만치 철두철미한 면을 보이지만, 늘 주변에 사람이 끊이지 않습니다.

그에 비해 김 사원은 정말 엉망입니다. 김 사원이 분위기를 띄워 보려 농담을 던질수록 공기는 차가워지고 맙니다. 말을 하면 할수록 상대가 멀리하려는 게 느껴집니다. 어색한 분위기를 만들지 않기 위해 회식 자리에서는 그냥 웃기만 합니다.

어느 날 김 사원은 이 부장과 함께 거래처 회식에 가게 되었습니다. 그 자리에서 이 부장은 지난번 출장으로 갔던 여수 이야기를 꺼냈습니다.

"여수 해상 케이블카에서 야경을 보니 정말 멋지더군요."

김 사원이 듣기에는 재미도 없고 별것 아닌 이야기입니다. 하지만 거래처 직원들은 이 이야기에 흥미를 보였습니다.

돌아가는 택시에서 이 부장에게 잡담의 요령을 물었습니다.

"시바 료타로라는 작가는 '이야기로 대접한다'는 말을 했다죠. 비즈니스에서 하는 잡담은 그런 느낌에 가까워요. 하고 싶은 이야기를 마음대로 하면 되는 게 아니거든요. 오늘 여수 이야기도 그곳에 가 본 적이 있는 사람이면 음식 이야기를 꺼내 동질감을 먼저 불러일으켰을 거예요.

그런데 오늘 만난 거래처의 직원은 여수에 가 본 적이 없고 결혼한 지 얼마 지나지 않았다고 했죠. 이런 부분을 기억해 두었다가 로맨틱한 야경 이야기를 한 거랍니다.

김 사원이 잘 알고 있다고 해서 거기 가 본 적도 없는 사람에게 '여수는 해산물이 유명해요!' 같은 이야기를 하면 상대가 뭐라고 생각할까요? 자칫 자기 이야기만 떠드는 사람으로 인식되기 쉽겠죠. 기억해 두세요. 업무에서는 잡담도 접대가 될 수 있어요. 상대가 중심이 되어야 해요. 김 사원도 상대의 이야기를 잘 듣고 어떤 말을 하면 좋을지 연구해 보세요."

오늘 이 부장님과의 대화는 마치 부장님의 노하우가 담긴 비밀 수첩을 본 것 같은 기분이 듭니다. 김 사원은 잡담할 때도 비즈니스 마인드로 상대방을 고려해야 한다는 것을 오늘 새롭게 배웠습니다.

—

알기 쉽게 말한 것 같은데 상대에게는 가닿지 않았
다고 느낀 적이 있나요? 단순히 말을 전하는 것을
넘어 의도와 마음을 정확하게 전달하는 것도 매우
중요합니다. 모호한 표현에서 벗어나 사람의 마음
에 직접 호소하는 비결을 배워 봅시다. '말'이 아니
라 '대화'를 잘하는 사람이 될 수 있을 거예요.

생각을 효과적으로 전달하는
표현력

"말이 구구절절 길어져요"

To **교수님**

Subject **알기 쉽고 기억하기도 쉬운 전달법을 배우고 싶습니다.**

교수님, 안녕하세요?

어느새 벌써 네 번째 수업입니다. 지난 첫 번째 수업에서 '머릿속에 어휘가 없다'라며 한탄했던 제 모습이 거짓말처럼 느껴지네요.

오늘은 '표현'에 대해서 알려 주세요. 국어를 못해서 이과를 선택한 저는 말하거나 글을 쓸 때 모두가 무릎을 '탁' 칠 만한 표현을 사용해 본 경험이 없습니다. 알기 쉽고 기억하기도 쉽게 표현하고 싶습니다. 어떤 부분을 강조하면 좋을까요?

. . .   Send

01 | 글을 쓰거나 말할 때 30자로 요약하기

좋은 아침입니다. 이제는 어떻게 표현해야 할지에 대해 고민하는 단계까지 들어섰군요. '뇌에 들어 있는 어휘가 많지 않다'고 한탄했던 김 사원님의 몇 주 전 모습이 거짓말 같네요. 모든 일이 그렇지만, 하는 둥 마는 둥 애매하게 하면 아무것도 안 됩니다. 하겠다고 마음먹은 이상, 질풍노도와 같은 기세로 몰아붙여야 해요. 그렇지 않으면 변화할 수 없습니다. 그러니 오늘도 적당히 봐주지 않을 거예요.

이제 알기 쉽고 기억하기 쉬운 표현에 관해 이야기해 보죠. 답은 간단합니다. 여러 책에 나와 있어요. 아마 김 사원님도 한 번쯤은 지적받은 적이 있을 테지요.

바로 "짧게 전달하라."입니다. 그런데 이 '짧게' 하기가 여간 어려운 일이 아니에요. 전달하고 싶은 수많은 말 중 가장 중요한 메시지만을 고르고 골라야 하니까요.

'짧게'라고 하면 얼마나 짧아야 하는지 감이 잘 안 오지요. 내가 가르치는 학생들도 "짧다면 몇 자 정도인가요?" 하고 자주 묻고는 합니다. 하지만 '글자 수'는 중요하지 않습니다. 포인트는 '초', 즉 시간이에요. 한국음향학회의 연구에 따르면 우리나라 여성 아나운서는 1초에 6.6음절을 발음하는 정도로, 남성은 이보다 15퍼센트에서 20퍼센트 느린 속도로 말한다고 합니다. 쉽게 말하면 '정말 고마워요.(6자)' 같은 예를 들 수 있어요. '1초=정말 고마워요.'라고 기억하세요.

그리고 '정말 고마워요, 정말 고마워요, 정말 고마워요.' 하고 반복해서 말해 보세요. 중간에 숨 쉬지 않고 매끄럽게 말하기는 몇 번까지 가능할까요. 아마 다섯 번 정도 말할 수 있을 거예요.

사람마다 차이는 있지만, 대부분 다섯 번을 넘기면 조금 숨이 찹니다. 1초에 6음절을 말하고 5초쯤 되면 숨을 쉬고 싶어져요. 그렇다면 한 호흡으로 읽을 수 있는 건 최대 30자가 좋겠지요. 한 줄에 20자인 400자 원고지에 띄어쓰기를 하지 않고 쓰면 한 줄 반 정도 되는 길이입니다. 이것이 한 호흡이에요. 누구나 힘들이지 않고 말할 수 있는 단위죠.

하지만 단어를 다 붙여 쓰는 문장은 없지요. 중간에 발음하기 힘든 단어가 들어가면 읽다가 숨이 차기도 합니다. 그래서 내가 제안하는 방법은 '최대 30자 이내로 말하기'입니다. 대체로 한 호흡에 읽을 수 있고 내용도 한눈에 알아보기 쉽게 정리할 수 있어요. 예를 들어 봅시다.

- 이번 신제품 요구르트는 가족들의 각기 다른 건강 문제에 도움이 됩니다.(29자)
- 감기 예방을 위해 매일 아침 온 가족이 함께 이 요구르트를 마십시다.(27자)

이메일로 글을 쓸 때나 상사에게 보고할 때도 30자를 명심하면 좋습니다. 짧게 전달하려면 '30자로 말하고 쓰는 감각'을 익히세요. 그보다 긴 이야기는 사람들 기억에 남지 않아요.

한 호흡으로 말할 수 있는 문장, 이것이 알기 쉽고 기억하기 쉬운 전달의 비결입니다.

체크 포인트

대화를 할 때 서론이 너무 길어지면 듣는 사람 입장에서는 하고 싶은 말이 무엇인지 명확하게 파악하기가 어렵습니다. 특히 회사에서는 더 빠르고 간결하게 요점을 전달하는 기술이 필요하지요. 그래서 '30자'로 말하는 훈련을 해야 합니다.

물론 30자로 하고 싶은 말을 모두 다 할 수는 없겠죠. 보충 설명이 꼭 필요하다고 생각하면, 우선 30자 이내로 정리된 주제 문장을 말한 뒤에 덧붙여 보세요. 듣는 사람 모두 핵심 포인트는 기억할 수 있을 것입니다.

• 짧고 간단한 말만 사람들의 귀에 남는다.

최대 30자 이내로 말하면
대체로 한 호흡에 읽을 수 있고
내용도 한눈에 알아보기 쉽게
정리할 수 있습니다.

To **교수님**

Subject **사람을 움직이게 만들려면
어떻게 전달해야 할까요?**

'짧은 글이란 한 호흡, 30자 이내로 요약한 글'이라는 교수님의 이메일을 읽고 한 대리님이 무척 감탄했어요. 한 대리님은 '말과 글이 모두 장황하다.'라는 열등감을 안고 있었다고 해요. 감사합니다.

그래서 이번에는 한 대리님이 드리는 질문이에요. 아무리 좋은 제품을 만들고 잘 설명해도 고객이 구매해 주지 않으면 소용이 없습니다. 사람들을 움직이게 만드는 전달법을 가르쳐 주실 수 없겠냐고 합니다. 답변 잘 부탁드리겠습니다.

. . .   **Send**

02 │ '바라는 행동'을 상상해서
마음을 움직이기

두 사람 사이가 좋아졌군요. 메일을 함께 읽어 줘서 기쁩니다. 팀의 호흡이 잘 맞는 것만으로도 업무 효율이 크게 올라가지요.

그러면 질문에 답을 드릴게요. 사람을 행동하게 만드는 전달법에 관해서 말해 보죠. 김 사원님과 한 대리님은 다른 사람을 격려할 때 보통 어떤 말을 하나요? "힘내!"라는 말이 일반적일 거예요.

나는 큰 병을 앓은 적이 있어요. 그때 "힘내!"라는 말을 들으면 기분이 안 좋았습니다. 아무 소용이 없는 말이기 때문이에요. 이에 비해서 영어권 사람들은 어떤 식으로 격려할까요? "치얼 업 (Cheer up)!"이라는 말이 대표적입니다. 직역하면 '목소리를 높여라.'

라는 뜻이죠. 어떻게 행동해야 하는지 명확하게 알 수 있는 구체적인 표현이에요. 그 외에 "가슴을 펴라!"나 "고개를 들어라!"도 있습니다. 몸을 움직이는 법을 구체적으로 지시하는 표현이 많아요.

사람들을 행동하게 만들고 싶다면 'Cheer up!' 방식으로 전달하세요. 구체적인 신체의 움직임을 표현하는 겁니다.

다음은 내가 어느 중학교의 졸업식 축사로 쓴 글입니다. 단순히 "힘내!"라고 말하는 대신 이런 식으로 써 봤어요.

"가슴을 편다. 고개를 들어 하늘을 본다. 이런 자세야말로 여러분이 드높게, 강하게, 그리고 자유롭게 날갯짓하는 출발점입니다. 실패해도 가슴을 펴고 고개를 드세요. 속상해도 가슴을 펴고 넓은 하늘을 바라보세요."

앞으로 인생에서 힘든 일이 생겼을 때 떠올려 주었으면 하는 '신체의 움직임'을 졸업식 축사로 썼습니다. 이것이 내 방식의 "힘내!"라는 표현이었지요.

사람들은 동사를 넣은 제안 방식에 약하다

예를 들어, 소비자에게 요구르트를 먹으라고 권하고 싶어요.

"맛있으니까 먹어 봐.", "장내 플로라를 정돈해 준다니까 사 봐." 라고 해도 사람들은 아마 원하는 대로 움직여 주지 않을 겁니다. 동사를 보면 '먹다', '사다'라고 적혀 있을 뿐이니까요. 동사를 더 많이 늘려 봅시다. 요구르트를 먹고 있는 풍경을 상상하면 쉽습니다.

"할머니가 웃고 있다. 엄마가 콧노래를 흥얼거리고 있다. 평소에는 졸려 보이던 딸도 기분이 좋다. 이 요구르트를 먹고 나서부터 아침 풍경이 달라졌다."

어때요, 머릿속에서 영상이 재생되는 듯하지요. 상대방으로부터 끌어내고 싶은 행동을 적으세요. 마음이나 머리가 아니라 몸에 호소하면 상대방은 그대로 따라 하기 시작합니다. 이야기에 '동사'를 많이 넣으면 사람의 몸과 마음을 모두 움직일 수 있어요.

체크 포인트

사람들을 행동하게 만들고 싶을 때 직접적으로 'OO하세요'라고 말하기보다 그에 관련한 풍경을 묘사하는 것이 더욱 도움이 됩니다. 듣는 사람이 직접 그 상황을 상상하고 자신도 그렇게 행동하고 싶다고 생각하게 만들기 때문이죠.

그렇다고 이 방식이 쉬운 것은 아닙니다. 상대방의 머릿속에 그림이 그려지도록 하려면 상황에 걸맞은 동사를 사용할 수 있어야 해요. 우리는 앞서 형용사를 사용하지 않는 연습을 통해 다양한 동사를 사용해 보았습니다. 그때의 훈련을 떠올리면서 여러 가지 동사를 활용하세요.

・동사를 늘리면 머릿속에서 영상이 저절로 재생된다.

142

사람들을 움직이게 만들고 싶다면
끌어내고 싶은 행동을 적으세요.

마음이나 머리가 아니라 몸에 호소하면
사람들은 그대로 따라 하기 시작합니다.

To **교수님**

Subject **틀에 박힌 표현 대신
리듬감 있는 글을 쓰고 싶습니다.**

사람을 행동하게 하려면 동사를 많이 넣으라는 말씀, 큰 도움이
되었습니다. 감사합니다. 또 계속해서 질문드릴게요. 저는 3년
째, 한 대리님은 8년째 광고와 홍보 업무를 하고 있습니다. 지
금껏 쓴 글의 양은 아마 누구보다 많을 거예요.
하지만 어딘가 모르게 글이 어색합니다. 이과 출신인 저는 구조
만 정확할 뿐 인간미가 없고, 국문과를 나온 한 대리님은 교과
서 같은 전형적인 표현이 많습니다. 그렇다고 독창적으로 글을
쓰자니 공식 문서에서 어디까지 편하게 써도 될지 모르겠고요.
교수님, 업무에서 사람들의 기억에 남을 만한 리듬감 있는 글은
어떻게 써야 할까요?

03 | 학교에서 배운 '상식'을
      일단 버리기

흠잡을 데 없이 깔끔하고 완벽해 보이는 사람은 의외로 매력이 없다는 평가를 받습니다. 마찬가지로 정확한 문법만을 사용한 만점짜리 문장에는 글맛이 없습니다. 틀에 박힌 듯 평이하고 리듬감이 없어요. 자칫하면 '거만한' 인상만을 주게 되지요. 학창 시절에 국어를 잘했던 사람들이 이런 고민을 많이 합니다. 그런 사람들에게 나는 이런 말을 해 주고 싶어요. "학교에서 배운 글쓰기 상식을 의심하라."

과거형과 현재형을 예로 들게요. 영어에서는 시제를 맞춰야 하기 때문에 둘을 섞어서 쓰지 말라고 배웠지요. 그 영향으로 우리말에서도 과거형으로 시작했으면 끝까지 과거형으로 써야 한다고 생각하는 경우가 꽤 있습니다.

"뚜껑을 열었다. 요구르트에 빛이 반사되어 반짝였다. 스푼으로 요구르트를 떠 올렸다. 적당히 단단한 식감의 요구르트 덩어리가 목을 넘어가자 목이 시원해졌다."

그래서 이런 식의 문장을 쓰게 되는데, 읽는 사람의 입장에서는 묘사는 정확하지만 글에 생동감이 없어요. 베스트셀러 작가이자 논술 강사로 유명한 히구치 유이치 교수는 "실제로 했던 행동은 과거형으로 쓰고, 상황을 설명하는 글은 현재형으로 써라."라고 했어요. 이 조언을 반영해서 글을 쓰면 이렇게 됩니다.

"뚜껑을 열었다. 요구르트에 빛이 반사되어 반짝인다. 스푼으로 요구르트를 떠 올렸다. 적당히 단단한 식감의 요구르트 덩어리가 목을 넘어가자 목이 시원해진다."

느낌이 꽤 많이 달라졌지요.

상반되는 내용으로 강조하라

말하기의 기본 규칙에서는 결론을 맨 처음에 분명하고 확실하게 밝히라고 하지요. 저널리스트들은 "흑백을 확실히 주장하라."라고 말하기도 합니다. 하지만 표현의 세계에서는 상반되는 두

가지 특징을 나열해 강조하는 기술을 자주 사용합니다.

가령 보습 효과가 셀링 포인트인 세안제라면 '촉촉하다'라는 말로 특징을 표현합니다. 여기에 일부러 노폐물을 말끔하게 씻어 내는 느낌인 '매끈매끈'이라는 말을 끼워 넣는 것입니다.

'매끈매끈하면서 촉촉하다.'

이렇게 하면 매끈하게 씻어도 보습 효과가 좋은 듯 느껴지지요. 요구르트로 말하자면 '진하면서 깔끔하고 가볍다.' 같은 식으로요. 상반되는 내용으로 강조하기. 자, 한번 해 보세요.

✓ 체크 포인트

학교에서는 문장의 마지막을 모두 '~다'로 맞춘 듯한 글은 단조로워 진다며 문장의 종결 표현에 변화를 주라고 배웁니다. 그러나 상대에 따라서는 의미를 강력하게 전달하기 위해 문장의 끝부분을 일부러 통일하여 '~다', '~다', '~다'로 잇따라 몰아붙이는 방법으로 박력을 더할 때가 많습니다.

또 주어가 나온 다음에는 인칭대명사를 사용하라고 배웁니다. '김 사원은' 하고 썼으면 그 뒤에는 '그는'으로 쓰라는 말이지요. 하지만 한국어는 주어를 붙이지 않아도 문장이 완성되는 언어입니다. 주어 가 없는 편이 더 깔끔할 때가 많아요. 또 '신제품 요구르트는', '신제 품 요구르트는' 하고 의도적으로 명칭을 계속 불러서 눈과 귀에 각 인시키는 방법도 자주 사용합니다.

학교에서 배운 표현 방식을 기본으로 쓰되 반복되는 표현이 많거 나 너무 단조롭게 흘러가지는 않는지 확인하세요. 트렌드를 눈여겨 보며 '좋은 표현'의 기준이 어떻게 변화하는지 살펴보는 일도 게을리 하지 않기를 바랍니다.

• 학교의 상식에서 벗어나면 글은 확연하게 달라진다.

정확한 문법만을 사용한 만점짜리 문장에는
글맛이 없습니다.

학교에서 배운
글쓰기 상식을 의심하세요.

To　**교수님**

Subject　**'말이 모호하다'라는
지적을 받습니다.**

교수님, 감사합니다.

지금까지 상사와 거래처로부터 더 분명하게 말해 달라는 말을 자주 들었던 만큼 '상반되는 내용으로 강조하라.'는 말씀에 눈이 번쩍 뜨이는 느낌이었습니다.

하지만 그뿐 아니라 제가 뭔가를 전달할 때 '요점을 벗어났다.'라든가 '애매해서 구체적으로 이미지가 떠오르지 않는다.'라고 지적받는 일이 많았습니다. 사람을 확 끌어당기는 전달법, '주목할 부분, 명심할 포인트는 이거다!'라고 강력하게 표현할 방법은 없을까요?

• • •　　　　　　　　　　　　　　　　　**Send**

04 | 망원 렌즈처럼 핵심 메시지만 짚어 내기

김 사원님은 카메라의 광각 렌즈와 망원 렌즈의 차이점을 알고 있나요? 광각 렌즈를 사용하면 넓은 광경을 한 장면에 찍을 수 있습니다. 흐릿한 부분이 적어서 자료 사진을 촬영할 때 최적이지요. 반면 망원 렌즈는 찍고 싶은 피사체만 강조하고 주변 배경은 흐릿하게 해 줍니다. 즉, 내가 전하고 싶은 것만을 강조하는 사진이죠.

말하는 방법을 이 카메라 렌즈에 비유한다면 어느 쪽이 사람을 확 끌어당기는 화법에 가까울까요? 바로 망원 렌즈 방식입니다. 불필요한 부분을 버리고, 줌 렌즈로 찍고 싶은 대상에 바짝 다가가는 느낌이에요.

예를 들어 보죠. 김 사원님이 '초봄'이라는 주제로 열린 사진전에 응모할 사진을 찍으려고 공원을 걷고 있었다고 가정해 봅시다. 그때 다음 중에 어떤 장면이 초봄이라는 주제와 가장 잘 어울릴까요?

1. 날씨가 좋은 공원 전체
2. 한가롭게 도시락을 펼치고 앉아 있는 가족
3. 금방이라도 싹틔울 듯한 벚꽃의 싹

3번 '벚꽃의 싹'이 가장 좋겠지요. 1번이나 2번은 봄이 아닐 때도 충분히 볼 수 있는 광각 렌즈의 풍경이니까요. 초봄이라는 주제에 들어맞는 사진은 망원 렌즈로 벚꽃의 싹에 바짝 다가가 바라본 장면뿐입니다.

초봄이라는 말을 듣고 수많은 풍경 중에서 '금방이라도 틔울 듯한 벚꽃의 싹'에 초점을 맞춰 줌 렌즈로 가까이 다가간 순간, 주제가 선명하게 드러납니다.

'~의'를 사용해서 보는 대상에 줌인하자

그렇다면 이번에는 말하기로 줌인하는 방법을 알아봅시다. 관형격 조사인 '~의'를 쓰면 됩니다. '벚꽃'에서 '벚꽃의 싹'으로, 피사체를 가까이 확 당기면 불필요한 부분은 흐릿해지고 전하고 싶은 부분만 뚜렷해집니다.

- 떡볶이가 맛있었다.
  → 떡볶이의 떡이 맛있었다.
- 우리 아이 귀엽죠?
  → 우리 아이의 코, 귀엽죠?
- 뉴욕을 좋아한다.
  → 뉴욕의 소리를 좋아한다.

'~의'로 대상을 줌인하면 포인트를 명확히 알 수 있어요. 말하는 사람이 무엇을 생각하는지도 제대로 전달됩니다. 신제품 요구르트에 대해서도 '~의'로 줌인해 보세요.

- 요구르트의 프리미엄 이미지를 강조하면 좋겠다.
  → 패키지에서 프리미엄 이미지를 강조한다.

→ 패키지를 금빛 왕관을 씌운 느낌으로 만든다.

'~의'로 줄인해서 전달하고 싶은 핵심에 조금씩 다가가세요. 평소에 'OO의 OO'라고 생각하는 습관을 길러 두면 도움이 됩니다.

전하고 싶은 의도가 명확할수록 더 자세하고 정확하게 설명하는 것이 좋겠지요. 서로 생각하는 내용의 간극이 확연히 줄어들 테니까요. 하지만 이 방법은 듣는 이의 시야를 좁혀 다양한 관점을 제한한다는 단점이 있습니다.

　모든 말하기 방법에는 장단이 있다는 점을 잊지 말고, 어느 상황에서 어떤 방법을 사용하면 최고의 효과를 얻어 낼 수 있을지 고민해 보세요. 모든 방법을 제대로 익혀 두면 적재적소에 가장 알맞은 말하기 공식을 사용할 수 있겠지요? 습관처럼 계속하면 여러분의 말을 전달하는 속도와 깊이가 분명 달라질 것입니다.

　• '○○의 ○○'로 알리고 싶은 포인트를 명확히 한다.

To **교수님**

Subject **단합을 만들어 내려면
어떻게 해야 할까요?**

교수님, 큰일 났습니다. 한 대리님과 말다툼을 해 버렸어요. 저
희 둘 다 최근 며칠간 정신없이 바빴던 데다 문제도 생겨 조바
심이 나 있었는데, 그러던 중 일정에 관해서 사소한 의견 차이
마저 생겼어요. 한 대리님은 제가 "더는 못 참겠어요."라고 한
말에 화가 나서 저와 이야기하지 않습니다.
이전에 친구들과 이런 일이 있을 때도 괜히 수습하려고 말을
붙였다가 사이가 더 틀어진 적이 있어서 섣불리 먼저 말을 걸
지도 못하겠어요. 교수님, 화해할 수 있는 말을 가르쳐 주세요.
정말 급합니다!

...

Send

05 | '우리'를 주어로 상대방의 마음을 사로잡기

아니, 표현에 관한 이야기인가 했더니 말다툼 중재 요청인가요. 뭐, 좋습니다. 프로젝트를 준비하다 보면 한두 번은 의견 충돌이 일어나기 마련이죠. 화해하기 위한 말을 알려 주기 전에, 말다툼 했을 때 어떤 식으로 말했는지 떠올려 봅시다.

"저는 그런 뜻으로 말하지 않았어요."
"김 사원님, 그건 좀 더 빨리 말했어야죠."
"아니에요. 저는 그건 잘못됐다고 생각해요."
"한 대리님은 지금까지 그렇게 생각했던 겁니까? 좀 실망이 네요."

이런 식이지 않았을까요. 전부 주어가 일인칭인 '저'와 이인칭인 '너'입니다. 일인칭으로 자기 의견을 말하고 이인칭으로 비난하죠. 한 팀인 두 사람이 서로 양보하지 않고 상대에게 손가락질하며 화내는 모습이 말에서도 느껴지지요. 화해하려면 다시 한번 마음을 하나로 모아 줄 말을 사용하면 됩니다.

'우리'가 바로 그런 말입니다. 이유야 어찌 됐든 불편한 상황이 계속되면 좋을 리 없지요. 업무에 지장이 생겨요. 먼저 '미안하다'라고 사과한 다음 이렇게 물어보세요. "우리는 앞으로 어떻게 하면 좋을까요?" '나', '너'라는 주어를 '우리'로 바꿔서 같은 목표를 향해 가는 동료라는 사실을 강조해 보세요. 한 대리님도 틀림없이 알아줄 겁니다.

비결은 '내 일처럼' 느끼도록 하는 데 있다

연설의 달인이었던 오바마 전 미국 대통령이 'We(우리가)'라는 단어를 자주 사용했다는 사실은 유명한 이야기입니다. 여기에는 '우리가 함께 행동한다.'라는 생각이 담겨 있었지요. "Yes, We Can!(우리는 할 수 있다)"이라는 슬로건으로 시작한 오바마 대통령은 마지막 연설을 "Yes, We Did!(우리는 해냈다)"라는 말로 끝맺었습니다. 그는 "우리는"이라고 이야기함으로써 미국을 하나로 만들었어요.

우리. 싸운 뒤 화해할 때뿐 아니라 앞으로 업무를 진행할 때도 이 말을 자주 사용해야 합니다.

- 한국인들은 지금 유례없이 스트레스가 많은 사회를 살아가고 있습니다.
  → 우리는 지금 유례없이 스트레스가 많은 사회를 살아가고 있습니다.

'우리'라는 말을 사용한 문장이 더 내 일처럼 느껴지지요. '회사'가 아니라 '우리 회사'라고 말해서 모든 직원의 마음을 하나로 만들려는 노력도 잊지 말아야 합니다.

기억해 두세요. 말은 듣는 사람과 함께 만들어 가는 겁니다. 회의나 프레젠테이션에서도 내 주장만 고집할 게 아니라 상대와 함께 공감 가는 이야기를 만들어 간다고 생각하세요. 그때 도움이 되는 주어가 '우리'입니다. '우리'를 자주 사용하도록 언어 습관을 바꾸세요.

저는 수년째 어린이 신문에 〈수많은 사람 중 당신에게〉라는 칼럼을 쓰고 있습니다. 편지식으로 쓰기 때문인지 아이들이 칼럼을 읽고 감상이나 상담 내용을 써서 답장을 많이 보내 옵니다.

초등학생의 편지다 보니 틀린 문장이 많고 이야기가 딴 길로 새거나 바뀌어서 의미가 불분명한 글도 있습니다. 하지만 편지지에 그림을 그리거나 스티커를 붙이고, 만화를 그리면서 제 캐릭터도 만드는 등 자신이 할 수 있는 모든 방법을 총동원해 편지를 씁니다. 이런 편지를 읽을 때마다 저는 '표현'이란 무엇인지, '전달한다'란 어떤 의미인지 생각에 잠기게 됩니다.

그렇기에 저는 생각합니다. 이런 요령이나 기술을 배우는 일보다 더더욱 중요한 것은 온갖 수단을 동원해서 읽어 달라, 알아 달라, 답장을 써 달라고 하는 아이들의 글과 같은 열정이라고요. 어떻게 해서든 전달하고 말겠다는 편지는, 받았을 때의 무게와 온도가 다른 듯합니다. 글에서 그 사람의 체온이 전해지기 때문이지요.

책을 읽고 있는 여러분도 이 점을 꼭 알아 주기를 바랍니다. 아무리 기술을 익혀도 전하고 싶다는 마음이 약하면 절대로 전달되지 않아요. 일이니까 어쩔 수 없이 쓴 글은 당연히 주목받지 못합니다. 좋아하는 사람에게 고백할 때의 두근두근, 쿵쾅쿵쾅하는 마음. 그것이 커뮤니케이션 능력을 갈고닦아 준다는 사실을 잊지 마세요.

드디어 마지막 날을 앞두고 있네요. 강의는 '설득력' 단계까지 왔습니다. 두근두근, 쿵쾅쿵쾅 설렙니다.

• '우리'라고 말해야 거리가 좁혀진다.

자신감을
북돋워 주는 칭찬법

한 대리는 대학 시절 국문학을 전공하고 지금 회사에 입사했습니다. 처음에는 홍보팀에서 4년간 일했고, 지금은 광고팀에서 4년째 근무 중입니다. 광고홍보국에서 두 팀을 모두 경험한 사람은 한 대리가 유일합니다. 양쪽 팀 모두에서 매우 중요한 존재죠.

그는 말투가 날카로운 데다, 집요한 면이 있습니다. 김 사원보다 2년 위의 선배는 김 사원이 한 대리와 일한다는 이야기를 들었을 때 김 사원에게 "참 안타깝네요."라고 말했을 정도지요.

그런데 실제로 일을 해 보니 김 사원은 한 대리가 그다지 집요하지 않다고 느꼈습니다. 상품의 부정적인 측면을 보라고 해 준 조언도 변증법을 알면 잘 이해됩니다. 문장이 길다면서 여러 번

다시 써 오라고 하다가도 30자로 요약해서 보여 주자 바로 "네, 아주 좋네요." 하며 웃어 줍니다.

김 사원이 다들 오해하고 있다고 느끼는 이유는 한 대리가 아주 짧게, 적절한 타이밍에 칭찬해 주기 때문입니다. "그거 정말 괜찮은데요."라든가 "저도 김 사원님 의견에 동의해요."라고 말해 줍니다. 그중에서도 기분 좋은 부분은 "어제보다도 훨씬 좋은데요."라고 자주 말해 준다는 점입니다. 이전의 상사는 항상 누군가와 김 사원을 비교했고, 김 사원은 그게 힘들어서 주위를 둘러보며 한숨을 쉬곤 했습니다.

알맞은 타이밍에 짧게 칭찬하기. 남과 비교하지 않고 어제의 자신과 비교하기. 한 대리의 이 칭찬법으로 김 사원은 '이과 출신에 어휘 부족'이라는 열등감에서 조금씩 벗어나고 있습니다. 점심을 먹으러 가는 길에 '30초 안에 명사 열 개 말하기'를 대결하면 김 사원이 이길 때가 많아졌습니다. 그때마다 한 대리는 "김 사원님은 정말 많이 알고 있네요."라며 치켜세워 줍니다. 김 사원은 이럴 때 교수님이 알려 준 훈련법의 효과를 업무에서보다 더 실감합니다.

'더 자신 있게 하고 싶다. 잘하고 싶다.'라고 생각하는 김 사원. 내일은 강의 마지막 날입니다.

—

마지막은 보너스 기술로 '신뢰도'와 '현실성'을 높여 주는 방법을 소개하겠습니다. 여기에서 설명한 방법을 익히면 이야기 시작부터 상대의 마음을 사로잡고 곧바로 이해시키는 표현이 가능해집니다. 대화의 효율을 최대한으로 끌어 올릴 뿐 아니라 현장의 분위기도 이끌 수 있게 될 것입니다.

말에 신뢰도를 높이는
설득력

"모두의 마음을 움직이고 싶어요"

1. 비장의 에피소드 열 개 준비하기
2. 흥미를 높여 줄 숫자와 데이터 사용하기
3. 현실감 있는 문장을 항상 메모하기
4. 아침마다 그날의 이야깃거리를 준비하기
5. 어떤 상황에서든 '감사의 말'을 전하기

To **교수님**

Subject **사람들의 마음을 사로잡는
비결이 있을까요?**

드디어 마지막 날이네요. 아쉬운 마음으로 아침을 맞았습니다. 이번 수업에서는 이제까지 미처 하지 못한 질문을 모두 드릴 생각입니다. 마지막까지 잘 부탁드려요.

먼저 질문하고 싶은 내용은, 어떻게 하면 사람들이 귀를 쫑긋하고 들어 줄까 하는 점입니다. 기왕 열심히 준비했으니 많은 사람이 저희 상품에 관심을 가지면 좋겠는데요. 상품 설명이 아무리 훌륭해도 이야기를 듣거나 읽어주는 사람이 없다면 아무 소용이 없을 테니 걱정되기도 합니다. 고객을 확 사로잡는 방법에는 무엇이 있는지 가르쳐 주세요.

. . .

Send

01 | 비장의 에피소드 열 개 준비하기

어느새 마지막 수업 날이 되었네요. 나도 끝까지 긴장의 끈을 놓지 않을 겁니다. 김 사원님은 주간지나 아침 정보 프로그램을 보면 어떤 생각이 드나요? 가십이 많다는 생각이 들지 않나요? 물론 남의 개인적인 일에 관심이 없는 사람도 많습니다. 그런데도 이런 식의 기사가 사라지지 않는 이유는 여전히 팔리기 때문이죠. 대부분은 재미있게 본다는 말입니다.

다른 사람의 사사로운 일에 관심을 갖는 건 인간의 습성이에요. 그렇게 파악함으로써 이 사람이 나에게 적인지 아군인지를 판단합니다. 자신 또는 집단에 해가 될지 아닐지를 보는 거죠. 이 습성을 잘 이용하세요. 사적인 정보를 적절히 공개해서 상대에게 신뢰감을 주세요. '다른 사람에게는 말하지 않는 부분까지 나한테만 알려 줬다.'라는 생각이 들게끔 하는 거죠. 이걸 잘하면 상대방을 사로잡는 이야기를 시작할 수 있습니다.

흥미로운 스토리가 있는가?

방법을 알려 줄게요. 김 사원님도 취업을 준비할 때 직무 관련 경험이나 능력을 보여 주기에 적합하다고 생각한 경험담을 정리한 적이 있을 겁니다. 그와 마찬가지로, 태어나서 지금까지의 에피소드 중 김 사원님을 잘 설명할 수 있는 이야기를 여덟 개 찾아내서 원고지 한 장 정도로 정리해 보세요. 학교 생활, 부모님과의 관계, 인생에서 가장 크게 실패한 경험, 가장 크게 성공한 경험, 입시 공부, 연애 경험, 취미, 여행 등 자기 인생의 전환점이 된 어떤 일이든 좋습니다. 이 작업으로 내가 어떤 사람인지 스스로 정리할 수 있습니다. 또 상대에게 자신을 알리는 무기로도 사용할 수 있겠죠.

그다음엔 '최근 한 달 안에 있었던 일'과 '오늘의 에피소드'를 하나씩 준비해 두세요. 총 열 개의 에피소드를 항상 머릿속에 넣어 두면 사람들과 대화할 때 소재가 고갈될 일이 없습니다. 게다가 상대방에게 나의 개인적인 이야기를 일부 공유하면 친근감을 높일 수 있습니다. 나만의 흥미로운 이야기를 비장의 무기로 만들어 두세요.

물론 개인적인 이야기뿐만이 아닙니다. 김 사원님이 준비하고 있는 요구르트도 개발 과정에서 어려움이 있었을 거예요. 몇 번이고 도전하고 실패하며 싸워 나간 역사가 있을 테지요. 개발에 참여한 수많은 사람의 이야기도 빈틈없이 취재하세요. 개발자와 마케터, 영업 담당자, 그리고 출시를 결정한 사장님도 있지요. 그리고 상품의 개발 비화를 이야기에 담아 보세요. 지금보다 훨씬 많은 사람이 공감하는 상품이 될 테니까요.

사람들은 치열한 성공담을 좋아합니다. 실패와 좌절을 이겨내고 성공한 이야기에서 용기를 얻지요. 반대로 운 좋게 얻어걸린 행운이나 자기 자랑은 시기와 질투를 낳을 뿐입니다. 재미가 없어요. 누구의 이야기가 많은 사람에게 공감을 얻을 수 있을까. 이 문제를 잘 고민하기 바랍니다.

말이란 참 신기합니다. 용건만 간단히 말한다고 무조건 좋은 게 아니에요. 그 순간에는 잘 전달된 듯 보여도 사람의 마음에 오래도록 남는 경우는 많지 않습니다. 여러분도 학창 시절, 수업 내용보다도 선생님이 다른 이야기를 해 줄 때가 더 재미있고 기억에 남았던 경험이 있을 테지요.

말의 폭을 넓히는 일은 잡담에 가깝습니다. 본론에서 조금 벗어나더라도 마음에 깊이 남도록 말에 군맛, 본래와는 다른 맛을 포함하는 것입니다. "흐음, 그런 비하인드 스토리가 있었군." 이렇게 사람의 마음을 흔드는 거죠.

말의 폭을 넓히기 위해서는 꾸준히 노력해야 합니다. 재밌다고 생각해서 적어 둔 소재이기 때문에 잡담이어도 기억에 오래 남습니다.

• 사람들은 남이 모르는 에피소드에 흥미를 느낀다.

"

자신을 잘 설명할 수 있는
에피소드를 정리해 보세요.

'내가 어떤 사람인지' 스스로 알게 될 뿐 아니라
사람들과 대화할 때
소재가 고갈될 일도 없습니다.

"

To **교수님**

Subject **신뢰도를 높이는
숫자 사용법을 알고 싶습니다.**

에피소드에 관한 조언 감사합니다. 말씀하신 대로 요구르트 개발 비화를 이야기해 줄 만한 분을 고민해 보고 있어요.

그럼 서둘러 다음 질문을 드리겠습니다. 이과 출신인 저로서는 부끄러운 이야기인데요. 데이터나 숫자를 활용하는 법에 대해서 알고 싶습니다. 저는 정확한 숫자를 넣어야 한다고 생각하는데, 주변에서는 "숫자가 너무 자세해서 오히려 혼란스럽다.", "데이터를 갑자기 보여 주면 이해하지 못한다."라고 합니다.

숫자나 데이터는 어떻게 활용하면 좋을까요?

. . .

Send

02 | 흥미를 높여 줄
숫자와 데이터 사용하기

김 사원님은 이공대에 진학했으니 숫자나 데이터 활용은 다른 사람보다 뛰어날 테지요. 그런데 신제품 요구르트의 타깃 고객이 모두 김 사원님처럼 숫자에 능숙하지는 않습니다. 섣부르게 숫자를 사용했다가 오히려 타깃 고객의 관심도를 떨어뜨릴 수도 있어요. 사람들이 깜짝 놀랄 만한 수치 외에는 자주 사용하지 마세요. 상세하고 정확한 데이터는 참고 자료로 정리해 두었다가 첨부해서 제공하는 것이 좋습니다.

그렇다면 알기 쉬운 숫자란 뭘까요? 나는 대학교 수업에서 '길을 알려 주는 방법'이라고 설명하고 있어요.

- 조금 멀어요. 쭉 직진하세요.
- 여기에서 30미터 정도 가세요.

처음 보는 사람에게 길을 가르쳐 줄 때 어느 쪽이 더 알기 쉬울지는 한눈에 예상이 가지요. "오늘 엄청나게 덥네요."라는 말보다 "오늘 40도가 넘는대요."라는 말이 이해하기 좋습니다. 알기 쉬운 숫자를 쓰면 평소 대화에서 사용하던 "조금 멀다." 혹은 "엄청나게 덥다."처럼 주관적인 형용사를 대신해 정확하게 정보를 전달할 수 있습니다.

알기 쉬운 숫자는 ① 애매한 형용사를 대신하는 숫자라고 기억해 두세요. 초등학교 때 풀었던 서술형 산수 문제는 이를 이해하기 좋은 예시입니다. 다시 읽어 보면 좋겠네요.

또한 알기 쉬운 숫자는 ② '오!' 하는 감탄사가 나오는 숫자입니다. 예를 들어, 2021년 한국출판연구소가 연구한 〈국민 독서 실태 조사〉 가운데 성인과 초등·중·고등학교 학생의 독서 실태에 관한 결과를 봅시다. 2020년 9월에서 2021년 8월까지 종이책, 전자책, 오디오북을 합해 일반 도서를 한 권 이상 읽은 성인은 전체의 47.7퍼센트였습니다. 반면 학생은 91.4퍼센트로 대부분의 학생이 1년 동안 일반 도서를 한 권 이상 읽는 것으로 나타났습니다. 2년 전과 비교하면 어떨까요? 성인은 2019년에 비해 책을 읽은 비율이 8.2퍼센트나 감소했지만, 학생은 불과 0.7퍼센트가 줄어들었다고 하네요. 이로써 성인이 학생의 절반밖에 책을 읽지 않는다는 사실을 알 수 있죠.

이렇게 우리 주변에서 의외성이 있는 숫자는 '오!'라는 소리가 나오게 돼 있습니다.

그렇다면 신제품 요구르트를 발표할 때 사용할 만한 데이터에는 어떤 것들이 있는지 볼까요.

먼저 질병관리청에서 조사한 2019년 국민건강통계에 따르면 20대의 54퍼센트가 아침 식사를 제대로 하지 않고 과일만 먹는다고 합니다. 미국 아이오와대학 연구팀의 조사 결과도 흥미로운데, 아침 식사를 하지 않는 사람의 심장질환 사망률이 그렇지 않은 사람에 비해 87퍼센트 가량 더 높았다고 합니다.

이 자료를 보면 '오! 20대에게 아침 식사 대용으로 우리 회사의 요구르트를 홍보하면 되겠다.'라고 생각하겠죠. 모두가 '오!' 하고 놀랄 것인지를 기준으로 삼아서 데이터 활용 여부를 정하기 바랍니다.

또 기억해 둘 점은 말에 의존하지 말라는 것입니다. '축구장 ○개와 맞먹는 면적', '레몬 ○개에 해당하는 비타민 C'라고 말해 봤자 대부분의 사람은 축구장의 넓이도, 레몬 하나에 들어 있는 비타민 C의 함유량도 모릅니다.

이런 비유는 정확한 데이터를 전달하기는커녕 '엄청나게 넓다.', '비타민 C가 가득 들었다.'라는 모호한 정보밖에 주지 못합니다. 아무도 실감하지 못하는 예를 찾기보다 알기 쉽게 도형화, 그래프화하는 방법을 생각하세요. 숫자는 청각보다 시각에 호소할 때 이해도가 높아집니다. 이과 출신인 김 사원님이 실력을 발휘할 수 있는 분야겠군요.

체크 포인트

숫자를 효과적으로 활용해서 기억에 남길 수 있다면 더할 나위 없이 좋은 설명일 것입니다. 하지만 애매한 형용사를 대신하는 숫자나 사람들이 놀랄 만한 숫자가 무엇인지 판단하기는 쉽지 않지요.

우선 애매한 형용사를 대신하는 숫자는 '명확한 단위'를 뜻한다고 생각합시다. 앞에서 든 예시 중 축구장의 면적은 규격에 따라 달라질 것입니다. 누군가는 월드컵 경기장을 생각하는데 다른 사람은 조기축구를 하는 아빠를 따라가서 보았던 축구장을 떠올린다면 두 사람의 반응은 다를 수밖에 없겠지요. 이때는 차라리 몇 제곱미터인지, 몇 평인지로 설명하는 것이 알아듣기 쉽습니다.

사람들이 놀랄 만한 숫자는 숫자 자체보다는 내용이 가지는 의외성에 더 집중이 됩니다. 숫자는 그 의외성을 극대화하기 위해 사용하는 도구일 뿐이니까요.

물론 이렇게 설명한 것만이 전부는 아닙니다. 이해의 정도는 사람마다 다를 수 있으니 숫자를 활용하면서 듣는 사람들의 반응을 체크해 보세요.

• 애매한 형용사를 대신하는 숫자, 사람들이 놀라는 숫자 외에는 숫자를 사용하지 않는다.

To **교수님**

Subject **어떻게 하면 말에
현실성을 더할 수 있을까요?**

데이터에 관한 조언, 잘 새겨듣겠습니다. 감사합니다. 어설픈 비유보다 알기 쉬운 그래프가 낫다는 말씀이지요. 저는 이쪽이 더 자신 있습니다.

시간이 다 되어 가고 있네요. 계속해서 질문드릴게요. 프레젠테이션을 위해 원고를 써서 주위 사람들에게 보여 주고 있는데 "현실성이 없다.", "고객의 목소리가 들리지 않는다." 등의 피드백을 받았습니다.

교수님, 현실성이 없다는 게 무슨 뜻일까요? 그리고 글에 현실감을 더하는 방법은 없을까요? 가르쳐 주세요.

03 | 현실감 있는 문장을
    항상 메모하기

좋은 부분을 깨달았군요. 김 사원님은 물건을 살 때 무엇을 참
고하나요? 인터넷에 올라온 사용 후기(리뷰)나 실제로 써 본 사람
의 추천 글을 보겠지요. 직접 써 보지 않으면 알 수 없는 사용감
이나 불편함이 적나라하게 쓰여 있으니까요.

인터넷이 대중화되기 전까지는 실제 사용 의견을 참고할 대상
이 친구나 지인에 한정되어 있었습니다. 하지만 지금은 달라요.
많은 사람이 리뷰를 읽습니다. 리뷰에 쓰인 말이 마케팅 수단이
되고 광고 카피 이상의 힘을 발휘할 때가 있어요. 실제 구매자가
솔직한 감상을 전하는 말이기에 현실성이 있습니다. 김 사원님
의 주변에서 말하는 '현실성'이란 이런 뜻이 아닐까 합니다. 즉,

김 사원님의 글에는 소비자의 생생한 의견이 없다는 말이죠.

조금 다른 이야기를 해 봅시다. 《베르사유의 장미》라는 고전 명작 만화가 있습니다. 우리 회사에 이 만화를 너무 좋아해서 몇 십 년간 수십 번 읽은 직원이 있어요. 나는 신기해서 "그 만화의 어디가 그렇게 좋은가요?" 하고 물어봤어요. 그러자 그 직원이 이렇게 말했습니다. "100년 후, 오스칼 프랑소와 드 자르제는 실존 인물로 역사책에 남을 거예요."

오스칼은 작가가 만들어 낸 가상의 인물이지만 전 세계 사람들에게 《베르사유의 장미》가 사랑받으며 읽히는 동안 실존 인물처럼 받아들여지게 될 것이라는 말이었어요. 이 책이 그 정도의 명작이라는 의미를 담은 표현이겠지요. 정말로 이 만화를 사랑하는 사람이기에 할 수 있는 이야기 아닌가요? 만화책 띠지에 넣고 싶을 정도의 명언입니다.

거리에는 이런 명언이 넘친다

글에 현실성을 더하는 방법은 아기코끼리 덤보처럼 귀를 크게 해서 사람들의 이야기를 듣는 것입니다.

- 요양원을 방문한 가족이 집으로 돌아가면서 "속상하지만 행복해."라고 말했다.
- 여고생이 전철 안에서 "슬픈 노래가 좋아. 왠지 마음이 편해져."라고 말했다.
- 맥줏집에서 회사원이 "아, 비만과 가난은 같은 처지구나."라며 웃었다.

거리에는 이런 명언이 넘쳐 납니다. 이런 말을 주워 모으려고 노력하다 보면 김 사원님의 말과 글은 틀림없이 현실성을 띠게 될 겁니다.

자, 일 이야기로 돌아가죠. 신제품 요구르트도 마찬가지입니다. 모두에게 먹어 보게 하고 시식 평을 덤보의 큰 귀로 들으세요. 처음에 놀라는 반응이 '아!'인지 '아……'인지까지 제대로 들으세요. '아!'라면 의외성이 있다는 의미입니다. 하지만 '아……'라면 생각했던 대로라는 뜻입니다. '옛날 맛 같다.', '처음에 아무 맛이 나지 않는다.', '너무 달다.', '어린이용 같다.' 등 의견 하나하나가 김 사원님의 말에 현실성을 더해 주는 재료가 됩니다. 사소한 단어 하나까지도 그냥 지나치지 말고 기억해 두세요.

사람들에게서 나온 생생한 표현. 이것을 '자기만의 체감 표현'이라고 합니다. 회의 석상이나 프레젠테이션 때 자기만의 체감 표현을 사용하는 사람의 말에는 설득력이 있습니다. 사람들이 가진 자기만의 체감 표현을 수집하는 습관이 비즈니스의 표현력으로 이어집니다.

이번에는 사람들의 이야기를 흡수하듯이 들어 이야기에 현실성을 더할 것을 제안했습니다. 우연히 듣게 된 대화에서도 "와, 사람들은 그렇게 말하는구나." 하고 느낄 법한 문장을 얻을 수 있어요.

이 방법을 확실히 실천하려면 메모하는 습관을 들여야 합니다. 그리고 메모한 내용을 효율적으로 꺼낼 수 있도록 정리 정돈해 둘 필요가 있습니다. 내 제자들을 보면 스마트폰에 메모하는 사람이 아주 많은 듯해요. 나에게 질문하러 와서는 메모 대신에 스마트폰을 만지길래 깜짝 놀랐습니다. 물론 스마트폰에 적는 방법도 나쁘지 않아요. 하지만 손으로 써서 메모하는 쪽이 훨씬 기억에 잘 남습니다.

나는 상의 주머니에 가죽 커버로 된 작은 수첩을 넣어 다닙니다. 바인더 식이라서 명함 크기의 종이를 언제든지 교체할 수 있지요. 여기에 관심 있는 숫자, 사람들의 말이나 정보, 텔레비전과 잡지에서 보고 마음에 든 소재, 비망록, 그리고 자기 긍정의 말인 긍정 확언 등을 써서 가지고 다닌답니다.

그럼 우선 메모하는 습관부터 만들어 볼까요?

• 생생한 자기만의 체감 표현이 사람들의 공감을 부른다.

To **교수님**

Subject **말의 시작부터 사람들의 마음을 확 사로잡고 싶습니다.**

교수님, 감사합니다. 이제 남은 시간이 별로 없네요. 회의나 미팅에서 처음에 어떤 이야기를 꺼내서 사람들의 마음을 사로잡을 것인가는 아주 중요한 문제라고 생각합니다. 그런데 저는 이야기를 풀어 가면서 사람들의 관심을 받아 본 적은 있지만, 시작부터 집중받은 적은 한 번도 없었던 것 같아요.

말의 시작부터 사람의 마음을 사로잡는 비결은 없을까요? 이야기에서 설득력을 높이기 위해서라도 꼭 알고 싶습니다.

Send

04 | 아침마다 그날의 이야깃거리를 준비하기

좋은 질문입니다. 에피소드나 숫자와 마찬가지로 말에 설득력을 더하면서 집중하는 포인트를 만드는 비결 말이군요. 해답은 바로 '시의적절한 소재'입니다.

왜 사람들이 보통 날씨에 관한 화제로 이야기를 시작하는지 생각해 본 적 있나요. 날씨는 누구나 공유할 수 있는 시의적절한 소재이기 때문입니다.

"해가 꽤 길어졌어요."

"그러게요. 제주도에는 오늘 벚꽃이 피었다네요."

언뜻 보기에 의미 없는 잡담 같지요. 하지만 사람들은 오랜 역사에서 자연의 변화를 공유하며 서로의 마음을 맞춰 왔습니다.

날씨는 시의적절한 화제의 전형적인 예입니다.

다른 예도 있습니다. 가령 어제 월드컵 경기에서 우리나라가 아슬아슬하게 역전승을 거두었다고 합시다. 당연히 이 화젯거리는 관심을 사로잡는 포인트가 됩니다. "덕분에 어제는 너무 흥분해서 잠을 설쳤어요." 하고 멋쩍은 듯 이야기를 나누면서 상대와 한마음이 될 수 있지요.

'오늘'에 포인트를 둔 소재를 찾는다

광고 업계에만 한정된 이야기가 아닙니다. 영업의 프로라고 불리는 사람들은 그날의 관심 집중 포인트가 될 핵심 소재를 준비하기 위해 다방면으로 노력합니다.

신문의 1면, 인터넷 뉴스의 톱 기사는 물론이고 텔레비전의 정보 프로그램부터 SNS까지 살펴보면서 관심을 사로잡을 만한 화젯거리를 찾습니다. 주식이나 경제 동향, 정치 문제, 재난, 사고, 스포츠나 연예 정보, 화제가 된 식재료와 음식점 등. 새로운 이슈라면 무엇이든 관심 있게 보세요.

"저는 그 분야는 잘 몰라서······." 하고 도망치면 대화의 달인이 될 수 없습니다. 나도 호불호를 떠나서 아침 정보 프로그램을

186

자주 보고 있어요. 덕분에 요즘 화제가 되는 식재료나 건강법에 대해 잘 알고 있죠. 관심 집중 포인트로 사람들에게 말을 건네야 하니까요.

그 밖에도 시의적절한 소재는 얼마든지 있습니다. 김 사원님도 24절기에 대해 대충은 알고 있겠지요. 요즘 잘 사용하지는 않지만 그래도 입춘이나 동지 등 자주 사용하는 절기 정도는 미리 알고 있으면 대화에 도움이 됩니다. 또 세계 물의 날, 국제 강아지의 날 등 다양한 '○○의 날'에 대해서도 이야기해 볼 수 있어요.

조금 더 여유가 된다면 유명인의 생일도 기억해 두세요. 누군가 "오늘이 제 생일이에요."라고 말한다면, "축하해요. ○○과 생일이 같네요." 하고 말할 수 있지요. 이것이 사람의 마음을 사로잡는 화법, 설득력을 높이는 비결입니다.

어느 슈퍼마켓에서는 직원실 출입문에 '오늘은 ○○한 날'이라고 쓴 종이를 매일 붙여 놓습니다. 날씨나 기념일은 물론 근처 초등학교의 운동회 같은 지역 생활 정보도 적혀 있어요. 아이디어가 떠오른 직원들이 계속해서 정보를 추가한답니다. 그러면 이것을 본 다른 점원이 "3일째 열대야가 이어지고 있습니다! 더위에 지친 아버지께 고기를 구워 드리세요!" 하고 목소리를 높

입니다. '이 슈퍼마켓은 매출이 좋을 수밖에 없겠구나.' 하고 인
정할 수밖에 없었어요.

이렇게 시의적절한 소재를 모으는 일이라면 일상생활에서 쉽
게 할 수 있겠지요. 매일 계속하면 설득력이 올라갑니다.

체크 포인트

시의적절한 소재는 청중의 주목을 끄는 동시에 대화의 분위기를 풀어 줄 수도 있습니다. 말하는 사람도, 듣는 사람도 더 편안한 분위기에서 말할 수 있도록 도와주는 것이죠.

날씨나 스포츠 경기 결과 등 많은 사람이 관심을 가질 만한 주제로 이야기를 이끌어 가는 것은 쉬워 보이지만, 상당한 노력이 필요한 일입니다. 주제가 너무 반복되거나 겹치지 않도록 매번 새로운 소재를 찾아야 하기 때문이지요. 하지만 우리 주변을 조금만 주의 깊게 살펴보면 적절한 소재를 찾을 수 있습니다. 대화하는 상대의 새로운 소식에 관심을 가져 두었다가 만날 때 한 번씩 언급해 주는 것도 좋겠죠.

• 이야기의 소재는 우리의 반경 1미터 이내에 있다.

To **교수님**

Subject **기분 좋은 마무리를 하려면
어떻게 해야 할까요?**

드디어 마지막 질문이 되었네요. 이제 곧 약속한 다섯 번째 수업이 끝나 갑니다. 정말 감사했어요. 지난 다섯 번의 수업은 제 인생에서 보물과도 같은 날들이었습니다.

그래서 드리는 질문이에요. 이 행사가 끝날 때 와 주신 분들이 '오길 잘했다!' 하는 생각이 들도록 기분 좋게 마무리하려면 어떤 부분에 신경을 써야 할까요? 이 질문이 마지막이라고 생각하니 눈물이 날 것 같습니다.

Send

05 | 어떤 상황에서든
'감사의 말'을 전하기

그동안 잘 따라와 줬어요. 나도 감사 인사를 전할게요. 지금까지 내가 알려 준 방법은 총 스물네 가지입니다. 이제 마지막 하나만이 남았군요.

김 사원님은 '감사합니다.' 이외에 감사를 표현하는 말을 얼마나 알고 있나요? "감사해서 몸 둘 바를 모르겠습니다.", "양해해 주셔서 대단히 고맙습니다.", "뭐라고 감사를 드려야 할지 모르겠습니다.", "감사하다는 말로는 부족합니다.", "심심한 감사를 표합니다." 등 비즈니스 세계에는 많은 감사의 말이 있습니다.

왜 이렇게 감사하다는 말이 많을까요? 그만큼 사용할 일이 많기 때문이지요. 비즈니스 관계가 아니어도 원활한 인간관계를 위해서는 다양한 형태로 감사의 말을 전해야 합니다. 어려운 표현은 쓰지 않아도 됩니다. 하지만 "감사합니다.", "덕분입니다."라는 말을 지금의 다섯 배 정도 더 한다고 생각하세요. 회의 중에 옆 사람이 자료를 전달해 줬을 때도, 김 사원님의 발언을 듣고 거래처에서 질문했을 때도 "감사합니다."라고 답하세요.

하루에 제일 많이 하는 말이 "감사합니다."가 될 정도로 해도 좋습니다. 감사하다는데 싫어할 사람은 없습니다. 이 말 때문에 미움받을 일은 없어요. 상대의 마음을 순식간에 누그러뜨리고 마음을 긍정적으로 만드는 주문이라고 생각하세요.

참석자들을 만족시키면서 이번 행사를 기분 좋게 마무리하고 싶다면 사장님이 읽을 원고에 감사의 말을 많이 사용하는 것은 물론이고 사회자나 담당자에게도 감사의 표현을 많이 사용하도록 부탁해 두세요. 행사장 전체의 분위기가 부드러워질 겁니다.

이 방법은 비즈니스의 모든 상황에서 유용합니다. 예를 들어, 전날 거래처와 회식을 했다고 합시다. 다음 날 아침, 상대가 회사에 출근해서 이메일을 확인했을 때 김 사원님이 쓴 감사 인사가 도착해 있어요. 그러면 김 사원님은 상대방의 기분을 좋게 하는 유능한 직장인이 되겠지요.

물론 무작정 감사하다고 말하라는 게 아닙니다. 회식에서 재미있었던 장면이나 도움이 된 말 등을 구체적으로 쓰세요. "추천

하신 책은 꼭 읽어 보겠습니다.", "덕분에 건강에 좀 더 신경 쓰기로 결심했어요." 하고 행동의 변화를 쓰세요.

어떤 일이든 어떤 장면에서든 감사의 말을 하세요. 이것이 바로 기분 좋은 마무리를 위한 비법입니다.

드디어 나도 김 사원님에게 감사를 전할 시간이 되었군요. 다섯 번의 수업 동안 잘 따라와 줘서 정말 고마워요. 얼마 전의 김 사원님은 "무엇부터 시작하면 좋을까요. 기초부터 가르쳐 주세요."라는 상태였어요. 하지만 김 사원님은 정말로 성실하게 내 가르침을 행동으로 옮겼고, 여러 번 우는소리를 했지만 결국 모두가 만족하며 기분 좋게 마무리할 방법을 생각하는 수준까지 왔습니다.

자신밖에 생각하지 못했던 김 사원님이 타인을 기분 좋게 만들고 싶다고 생각하게 됐어요. 바로 그겁니다. 말을 '떠올리고', '정리하고', '전달하는' 힘은 '누군가를 위해서' 활용하고자 할 때 따라옵니다.

정말 훌륭하게 이 경지에까지 올랐어요. 이제 문제없습니다. 혼자서도 해 나갈 수 있어요. 그동안 수고 많았어요. 그리고 졸업 축하합니다. 당신의 인생에 행복이 가득하기를!

모든 강의가 끝났습니다. 우리가 배운 비법은 총 스물다섯 가지입니다.

1일째는 '30초 안에 명사 열 개 말하기', '형용사 쓰지 않기', '실황 중계하기' 등과 같이 녹이 슨 뇌가 말을 떠올리게 하는 트레이닝이 중심이었습니다. 2일째에는 '다른 사람의 관점에서 생각하기', '하나의 주장에 세 가지 이유 대기', '○○이라는 사고법·가설 세우기' 등 떠올리기부터 생각하기까지 훈련했습니다. 3일째는 '5WHY', '헤겔의 변증법', '백 캐스팅 사고법' 등 논리적으로 발상하고 정리하는 훈련으로 발전해 나갔습니다. 4일째는 '30자 이내로 전달하기', '동사를 써서 상대를 행동하게 만들기', "~의'로 대상에 줌인하기' 등 생각을 전달하기 위한 표현 트레이닝을 했어요. 마지막 날은 '에피소드'와 '숫자', '시의적절한 정보' 사용법 등 설득력을 더 높이는 기술을 배웠습니다.

이 스물다섯 가지 트레이닝을 의식적으로 반복해 나간다면 말을 '떠올리고', '정리하고', '전달하는' 힘은 반드시 익히게 될 것입니다.

가능하면 여러분도 김 사원님처럼 매일 생활에서 이 트레이닝들을 계속해 주기를 바랍니다. 책장을 스르륵 넘기다가 짬이 날 때 "아, 지금 이걸 한번 해 볼까." 하고 하나둘씩 도전하는 습관을 길러 보세요. 문득 돌아보면 어느새 여러분이 쓰는 SNS의 글, 친구나 가족과의 대화, 회의나 미팅에서 하는 발언, 기획서나 보고서의 글, 여러분의 착안점, 발상법, 표현법 등이 알기 쉽게 변화되었을 뿐 아니라 친숙하고 설득력을 가지고 있을 겁니다.

• 성공의 키워드는 '누군가를 위해서'이다.

달려라, 김 사원!

만반의 준비 끝에 출시한 신제품 '요구르비트'. 상품명을 정할 때 김 사원도 광고홍보국, 광고회사와 함께 고민했습니다. 평소 의욕이 없어 보였던 김 사원이 네이밍 안을 33개나 가져오자 모두가 놀랐습니다. 이뿐만이 아니었습니다. "이 상품을 연예인에게 비유한다면 누가 좋을까요?" 하고 상품의 이미지를 의인화하기도 했습니다. 그렇게 하니 이 요구르트를 매일 먹는 4인 가족의 이미지가 떠올랐습니다. "비트 가족이라고 이름 붙인 화목한 가족을 캐릭터로 광고를 만듭시다."라는 광고회사의 제안이 만장일치로 통과되었습니다.

그 옆에서 한 대리가 "어째서 화려한 5성급 호텔이 아니라 전통 있는 오래된 호텔에서 기자회견을 개최하는가"에 대해 관계자에게 '5WHY'를 반복합니다. 처음에는 꼬리에 꼬리를 무는 질문에 못마땅해 하던 관계자도 어느새 팔짱을 끼고 깊은 생각에 잠겼습니다.

'이 호텔에서 기자회견을 열었을 때 어떤 부정적 요소가 있을까?' 화이트보드에는 헤겔의 변증법을 적용하기 위한 삼각형이 그려져 있습니다. '고루하다는 이미지가 너무 강하지 않은가?' 등의 부정적 요소를 삼각형의 오른쪽에 적습니다. 회의 때마다 "감사합니다."라고 말하는 한 대리의 차분한 목소리가 울렸습니다.

교수님의 가르침은 사장님까지 말문을 열게 했습니다. "요구르트에 관한 사장님만의 이야기는 없나요?" 사장님은 한 대리의 질문을 받더니 이내 "어린 시절에 설사를 자주 했어요. 저를 걱정한 어머니가 이 회사의 요구르트를 꾸준히 먹였고, 그때의 기억이 우리 회사에 입사하는 계기가 되었어요."라고 말했습니다. 사장님의 어린 시절 에피소드는 회의의 분위기를 한층 더 화기애애하게 만들어 주었습니다.

인기 연예인으로 구성된 '비트 가족'을 한자리에 모으기는 굉장히 어려웠습니다. 한 대리는 배우들에게 기자회견장에서 화목한 가족의 모습을 연기해 주길 요청하며, 아버지 역을 맡은 배우에게 '우리'라는 주어를 사용해 말해 달라고 부탁했습니다. 그가 "우리 가족은"이라고 웃는 얼굴로 말하자 함께 모인 다른 배우들도 30분이 채 되지 않는 시간 안에 진짜 가족 같은 분위기를 연출했습니다.

김 사원은 생활 패턴이 달라졌습니다. 이전까지는 본 적도 없었던 아침 정보 프로그램을 메모하면서 챙겨 봅니다. 걸어갈 때 눈앞에 보이는 풍경을 머릿속으로 묘사해 보기도 합니다. 지하철 스크린에 나오는 광고를 보고 주위 사람들의 이야기에 귀를 기울이며 시의적절한 화제를 주워 담으려고 애썼습니다. 작은 일에도 "감사합니다."라고 말하게 되었습니다.

"멍하니 있다.", "무슨 생각을 하는지 모르겠다."라는 말을 들었던 오명을 씻기 위해 스태프들에게 자신의 사소한 말과 행동을 설명하려고 신경 쓰기도 했습니다.

말할 때는 '맛있다', '예쁘다', '재밌다' 같은 형용사는 되도록 사용하지 않으려고 합니다. 그 대신 오감을 곤두세워 "보기만 해도 여유로워지네요.", "목 넘김이 좋아요. 씹는 맛도 있어요." 하고 몸이 느끼는 바를 솔직하고 구체적으로 표현하기 위해 노력했습니다.

한 대리는 '발표회에 참석하는 기자들이 이 호텔의 고객이라고 생각한다.'라는 '~라고 생각하기' 가설을 세웠습니다. '기자가 아니라 호텔 투숙객이라고 여긴다면 요구르비트를 호텔 접시에 담아 내놓는 편이 인상적일 것이다. 프리미엄 이미지도 생긴다.'라며 호텔 측과 협의합니다. '우리 기자들을 대접하고 싶다.', '기자 여러분에게 맛보이고 싶다.', '호텔의 접대를 우리가 보여 주면 좋겠다.' 등 동사를 계속 바꿔 가면서 명확하게 전달하려는 한 대리의 말에 호텔 측도 제안을 흔쾌히 수락했습니다. 주어를 '우리'로 해서 호텔 관계자를 강력하게 설득한 것입니다.

한편, 김 사원은 사장님이 읽을 기자회견 최종 원고 작성에 여념이 없었습니다. '비트 균'이라는 자체 유산균의 발견이나 그와 관련된 숫자 등 회사로서는 강조하고 싶은 부분이더라도 일반인이 들었을 때 '오!' 하고 놀랄 만한 내용이 아니면 숫자나 데이터는 최대한 사용하지 않고 별도 참고자료에 정리하기로 합니다.

연구자, 기자, 사장님, 비트 가족, 그리고 요구르트를 먹는 고객에 스스로를 대입해 주관적인 내용이라고 느껴지지 않도록 하는 데 주의를 기울였습니다.

기자회견 당일.

비트 가족 연기자들이 대기실에서 나왔다는 알림이 무전기에서 흘러나왔습니다. 사장님이 계단식 좌석의 중앙에 서서 인사합니다. 기자들의 플래시와 함께 '요구르비트'의 신제품 출시 기자회견이 시작되었습니다.

"바쁘신 가운데 저희의 신제품 발표회에 와 주셔서 감사합니다. 잘 부탁드립니다. 저희가 오늘 발표할 제품은 '요구르비트'입니다.

요구르비트를 개발할 때 제가 개발 팀원들에게 요구한 것은 딱 한 가지였습니다. 바로 '우리 회사 전통의 맛을 지켜 달라.'는 당부였지요. 이유가 있습니다. 지금으로부터 35년 전, 저는 오랫동안 사랑받는 저희 회사의 요구르트에 반한 것을 계기로 이 회사에 입사하게 되었습니다.

어려서부터 저는 배탈을 달고 사는 아이였습니다. 차가운 음식을 먹거나 스트레스를 받으면 금방 탈이 났습니다. 어머니는 그런 제가 걱정되셨는지 매일 아침 요구르트를 주셨지요. 그때 먹었던 요구르트는 정말 맛있었습니다. 어머니의 사랑에 감사했습니다. 그리고 건강해지기도 했습니다.

이 습관은 지금까지도 계속되고 있습니다. 어디까지나 저의 개인적인 경험입니다만, 주위에 물어보면 저처럼 어린 시절부터 저희 회사의 요구르트를 사랑해 주신 분이 많이 계셨습니다. 감사한 일입니다. 이러한 추억은 다른 것과 바꿀 수 없는 우리 회사의 자산입니다. 저희는 덕분에 120년이라는 긴 세월 동안 많은 소비자들에게 계속 사랑받았습니다. 진심으로 감사드립니다.

신제품 요구르비트는 여러분에게 오랫동안 사랑받아 온 '우리 회사 전통의 맛'을 지키면서도, 여러분의 건강에 보탬이 되고 싶다는 소망을 담아 만들어졌습니다. 우유의 풍미가 입안에 가득 퍼지는 고급스러운 느낌은 그대로 살리되 산미를 낮추어 부드러운 뒷맛이 남습니다. 진하면서도 깔끔한 맛을 여러분도 느끼지 않으셨을까 합니다.

요구르비트의 유산균은 정장 작용을 하는 '비피더스균 1155'와 면역력을 높이는 '비트균 422'를 조합했고 여기에 철분도 배합했습니다. 꽃가루 알레르기나 감기로 고생하는 분들에게도 자신있게 추천할 수 있는 제품입니다. 또한 체지방 감량과 암 발생률 감소에도 도움이 됩니다. 여러분의 질병 예방에 큰 역할을 할 수 있을 것입니다.

저희는 상상해 봤습니다. 아침 먹을 시간도 없는 고등학생이 바쁘게 '요구르비트'를 먹고 학교에 가는 모습. 일이 많은 직장에서 컴퓨터 화면을 바라보면서 '요구르비트'를 먹고 있는 멋진 직장인의 모습. 연일 이어지는 야근으로 피곤한 아버지가 귀가해서 '요구르비트'를 꺼내 먹는 모습. 요양 시설의 식당에서 '요구르비트'를 먹으면서 여유로운 시간을 보내는 어르신들의 모습. 중학교 중간고사를 앞둔 남자아이가 '요구르비트'를 먹으면서 수학 문제와 씨름하는 모습.

다양한 사람들이 저마다의 일상에서 요구르비트를 먹으며 질병 위험을 줄이고 있습니다. 아름답고 건강해지고 있습니다. 저희는 사람들의 일상생활 하나하나를 떠올리면서 '맛'과 '건강' 두 가지 측면에 모두 부응할 요구르트를 만들었습니다.

많은 분에게 '제일 맛있다.'라는 말을 듣고 싶다.
많은 분에게 '매일 먹고 싶다.'라는 말을 듣고 싶다.

'요구르비트'는 이 두 요소를 만족시키면서 영양 성분의 균형을 높은 수준으로 유지합니다. 저희 회사가 목표해 온 이상적인 결과물 중 하나가 이 '요구르비트'라고 자부합니다.

이상으로 제 발표를 마칩니다. 바쁘신 중에 참석해 주셔서 대단히 감사드립니다."

사진기자들이 터뜨리는 플래시로 행사장 안이 다시 일제히 번쩍였습니다.

교수님에게 보내는
마지막 메일

교수님, 오랜만에 인사드립니다.

신제품 '요구르비트' 발표회가 무사히 끝났습니다. 덕분에 회사의 분위기가 좋습니다. 자세히 조사해 봐야 알겠지만 현장에서 기분 좋은 비명이 들리는 것으로 보아 목표 이상의 결과가 나오고 있는 듯합니다.

이게 다 교수님 덕분입니다. 단 다섯 번의 수업 동안 스물다섯 가지나 되는 조언을 해주셨어요. 처음 시작했을 때는 솔직히 반신반의했습니다. 하지만 강의가 진행되면서 점점 몰입해 가는 저를 느꼈습니다. 머릿속에 말이 떠오르지 않는다며 걱정하고, 사

205

람들 시선이 두려워 매일매일 괴롭고, 인생의 목표가 보이지 않아 모든 것을 그만두고 도망치고 싶다고 한탄했던 일이 거짓말 같습니다.

지하철을 타면 머릿속으로 눈앞의 상황을 실황 중계하고, 식당에 가면 형용사를 쓰지 않고 맛을 표현하려 애써 보고, 무서웠던 상사나 스태프에게 "우리는" 하고 말을 걸었습니다. 발표회 뒤풀이 때도 가게 리스트를 33개 낸 다음, 정해진 가게의 부정적 요소 극복 방안을 변증법으로 생각했습니다. 그러다 보니 업무 능률도 자연스럽게 올라가고 함께 일하는 분들과의 관계도 이전보다 훨씬 더 좋아졌습니다. 교수님의 수업을 듣기 전까지는 상상조차 해 볼 수 없었던 변화예요.

알려 주신 방법들을 실생활에 적용해 보면서 '생각이 말로 표현되는' 경험을 해 보고 나니 말하는 데 자신감도 많이 생겼습니다. 애초에 가지고 있는 어휘력이 부족하다고 생각해 지레 겁 먹고 두려워만 하던 저에게 선물 같은 시간을 만들어 주셔서 진심으로 감사드립니다. 일뿐만 아니라 저의 생활과 인생 전반에 큰 영향을 미친, 열정으로 가득 찬 시간이었습니다.

이렇게 마지막으로 교수님께 '감사의 말'까지 전하니 정말 끝인 것 같아 시원섭섭한 마음이 듭니다. 교수님께서 알려 주신 마지막 가르침대로 저만을 위한 지식이 아니라 타인을 위한 지식으로 활용해 볼게요.

무턱대고 드렸던 연락에 따뜻하게 반응해 주셔서 정말 감사했습니다, 교수님!

—

지난 5일 동안 우리는 김 사원을 통해 말을 '떠올리고', '정리하고', '전달하는' 방법을 집중적으로 배웠습니다. 어린아이가 단어를 익혀 가는 것처럼 여러분의 말하기도 연습을 통해 향상될 수 있습니다. 그리고 여러분의 삶도 변화할 것입니다. '생각을 말로 표현하는 능력'을 기르면 업무뿐 아니라 매사에 자신감이 생겨 항상 만족하는 삶을 살 수 있으니까요.

SNS 시대이기에 더욱 잊어서는 안 되는 것

입사 첫해 겨울, 와세다 매스컴 센터에서 언론사 취업을 준비하는 학생들을 대상으로 첫 강연을 하게 되었습니다. 당시는 한 학번 아래의 후배에게 '면접에서 주의할 점'을 조언하는 정도였어요. 그로부터 40년 가까이 한 해도 빠지지 않고 학생들과 만나고 있습니다. 특히 메이지대학 강단에 서게 된 후로는 많은 학생이 나를 찾아옵니다.

광고회사에서 일하는 사람이자 대학에서 가르치는 사람이 되어 학생들과 만나니 '말투를 이렇게 바꾸면 평가가 달라진다.', '입사지원서의 이 부분을 강조하면 인성이 더 잘 보인다.'

등 조금만 더 노력하면 극적으로 바뀔 수 있는 포인트가 보입니다. 그것만 가르쳐 주어도 자신 없던 학생의 말이 달라집니다. 입사지원서에 '높게 평가할 만한 나의 모습'이 드러나게 됩니다.

취업에 실패했던 학생이 면접에 줄줄이 합격하고 나서 "어느 회사에 가면 좋을까요?"라는 기분 좋은 상담을 하러 찾아옵니다. 이 순간을 맛보고 싶어서 저도 말하기와 글쓰기 비법을 갈고 닦아 왔습니다.

실제로 학생들 대부분은 말하기에 자신이 없습니다. 말이 없거나 너무 많거나 둘 중 하나입니다. 뇌에는 적절한 말을 보관해 두지 않고, 질문받은 내용을 들으려 하지 않고, 머리로 식히고 마음으로 덥힌 말을 할 입이 없습니다. 그래도 시간을 들여서 성심껏 학생들의 이야기를 듣고 대화를 이어가다 보면, 그들의 미숙한 말 가운데서 신선한 발상력과 유연한 마음을 발견하게 됩니다.

하지만 예전과 비교하면 그것을 끌어내기까지의 시간이 걱정스러울 정도로 길어지고 있습니다. 그 원인은 청년들이 SNS상에서 대화하는 시간이 얼굴을 마주하고 대화하는 것에 비해 압도적으로 많아지고 있기 때문 아닐까요. 특히 최근 5~6년 전부터는 '마치 다른 언어로 말하는 것 같다.'는 생각이 들 정도로 말을

'떠올리고' '정리하고' '전달하는' 일에 서툰 학생이 늘어나고 있습니다.

그 학생들이 지금 입사 2~3년 차가 됐습니다. 김 사원님은 그 전형적인 예입니다.

여기에 소개한 스물다섯 가지 방법은 35년이라는 오랜 세월에 걸쳐 저와 학생들이 나눈 커뮤니케이션 중에 만들어졌습니다. 초창기에 말하기 고민을 가지고 저에게 찾아왔던 학생들은 이제 중간 관리자나 수험생의 부모가 되었습니다. 그들 대부분이 제 책의 열렬한 독자로 "제가 수업에서 배운 내용을 써 주세요."라고 부탁하고 "이번 책은 디자인이 살렸다.", "이건 히키타 씨가 정말로 쓰고 싶은 내용이 아니지요." 하고 가차 없이 평가합니다.

네, 이제는 거꾸로 제가 그들의 지도를 받기도 합니다.

이 책은 그런 스승과 제자의 멋진 관계에서 탄생했습니다. 특히나 더 애착이 가는 이유는 이 책이 '다이와 출판'에서 나왔기 때문입니다. 저는 1981년부터 1984년까지 당시 큰 인기를 누렸던 TV 프로그램 〈NHK 퀴즈 재미있는 세미나〉에서 아르바이트로 퀴즈 작가 일을 했습니다. 프로그램의 사회자는 '교수님' 역할을 맡아 모두에게 사랑받았던 스즈키 겐지 아나운서였습니다.

이 책의 출판 이야기가 나왔을 때 저는 '교수'라는 이미지를 바로 떠올렸어요. 퀴즈 작가 일을 할 당시 저는 막 20대가 된 청년이었습니다. 그때 앞으로의 인생을 어떻게 살아갈까 고민하며 읽었던 책이 스즈키 겐지 씨가 쓴《남자는 20대에 무엇을 해야 하는가》였습니다. 그리고 이 책이 나온 곳이 다이와 출판이었지요. 젊은 날의 바이블을 만드신 분들과의 운명적인 만남이라는 느낌이 들었습니다.

저답지 않게 실력도 고려하지 않은 채 은혜를 갚고 싶다는 생각을 하고, 그로부터 거의 한 달 반 동안 스즈키 교수님에 빙의되어 이 책을 완성했습니다.

먼저 오늘의 저를 만들어 주신 스즈키 겐지 씨에게 감사의 말을 전합니다. 제가 대중매체와 관련된 일을 하고 대학에서 가르치는 일을 하는 것은 스즈키 씨에게서 삶의 방식을 배운 덕분입니다. 다이와 출판 편집부의 이소다 치히로 씨와 구즈하라 레이코 씨. 두 분이 좋은 학생 역할을 맡아서 "이 부분은 무슨 말인지 모르겠어요!" 하고 의견을 말해 준 덕에 책의 완성도는 점점 높아졌습니다. 항상 변함없이 저의 정신적인 면을 지지해 준 'Dr. 고파' 고바야시 요시아키 씨, 하쿠호도의 다치야 고타로 씨. 그리고 40년도 전에 〈NHK 퀴즈 재미있는 세미나〉를 보고 한 문제 한 문제에 대해 솔직한 의견을 말해 준 어머니에게 감사합니다. 어머니야말로 제 인생의 '교수님'입니다.

마지막으로 무엇보다 이 책을 읽어 주신 독자 여러분에게 감사드립니다. 앞으로 여러분이 하루하루 생기 넘치게 자기다운 말을 하며 많은 사람을 매료시키기를 바랍니다. 그리고 여러분의 말이 사람과 세상을 크게 움직이는 원동력이 되기를 기원합니다. 잘 모르겠을 때는 김 사원처럼 "도와주세요!" 하고 외치세요.

반드시 딱 맞는 조언을 들고 여러분 앞에 나타나겠습니다.

히키타 요시아키

옮긴이 **한선주**

대학 때 배운 일본어의 매력에 이끌려 일본에 가서 5년간 생활했다. 현지에서 통번역을 공부하고
한글을 가르치며 두 언어를 잇는 일에 재미를 느꼈다. 현재 바른번역 아카데미를 수료하고 번역
가로 활동하고 있다. 옮긴 책으로 《다 안다고 착각하는 과학 상식》이 있다.

회사에서는 어떻게 말해야 하나요?
회의에서 발표까지, 말센스 10배 높이는 법

초판 1쇄 2023년 6월 22일

지은이 | 히키타 요시아키
옮긴이 | 한선주

발행인 | 문태진
본부장 | 서금선
책임편집 | 원지연   편집 2팀 | 임은선 이보람   교정 | 조유진

기획편집팀 | 한성수 임선아 허문선 최지인 이준환 송현경 이은지 유진영 장서원
마케팅팀 | 김동준 이재성 박병국 문무현 김윤희 김은지 김혜민 이지현 조용환
디자인팀 | 김현철 손성규   저작권팀 | 정선주
경영지원팀 | 노강희 윤현성 정헌준 조샘 조희연 김기현 이하늘
강연팀 | 장진항 조은빛 강유정 신유리 김수연 서민지

펴낸곳 | ㈜인플루엔셜
출판신고 | 2012년 5월 18일 제300-2012-1043호
주소 | (06619) 서울특별시 서초구 서초대로 398 BnK디지털타워 11층
전화 | 02)720-1034(기획편집) 02)720-1024(마케팅) 02)720-1042(강연섭외)
팩스 | 02)720-1043   전자우편 | books@influential.co.kr
홈페이지 | www.influential.co.kr

한국어판 출판권 ⓒ ㈜인플루엔셜, 2023

ISBN 979-11-6834-107-4 (03320)